»PROLETARIER ALLER LÄNDER, VEREINIGT EUCH!«

Die Reihe »Geschichte, Theorie & Kritik« ist eine Sammlung von Texten zum Studium der Geschichte und Philosophie, der Natur-, Wirtschafts- und Sozialwissenschaften, insbesondere aber der marxistischen Theorie.

Wie in den anderen Reihen wurde auch hier auf der Grundlage der letzten uns zugänglichen Ausgaben gearbeitet. Quellenangaben erfolgen, soweit möglich, nach Werkausgaben und Sammelbänden.

Redaktionelle Anmerkungen früherer Auflagen wurden unter Angabe der Quelle übernommen. Fußnoten stammen, sofern nicht anders angegeben, vom Autor. Spätere Überarbeitungen des Originaltextes durch den Autor wurden, soweit bekannt, von der Redaktion berücksichtigt. Diese wurden stillschweigend übernommen, sodass der vorliegende Text so weit wie möglich der vom Autor beabsichtigten Endfassung entspricht. Rechtschreibung und Zeichensetzung wurden an die Rechtschreibreform 2006 angepasst, der Textinhalt blieb unverändert. Die Zitierweise ist APA 7, Text in eckigen Klammern entspringt der Redaktion. Die Daten in Russland bis zum 14. Februar 1918 sind nach dem julianischen Kalender (alter Kalender) angegeben. In Klammern folgt das entsprechende Datum nach dem gregorianischen Kalender (neuer Kalender).

Die in den Texten dieser Schriftenreihe zum Ausdruck gebrachten Meinungen müssen nicht notwendigerweise mit denen der Redaktion übereinstimmen. Wir bitten die Leser:in stets um eine sachliche und differenzierte Auseinandersetzung mit dem Text.

Einige Bände enthalten ein Register.

DIE REDAKTION

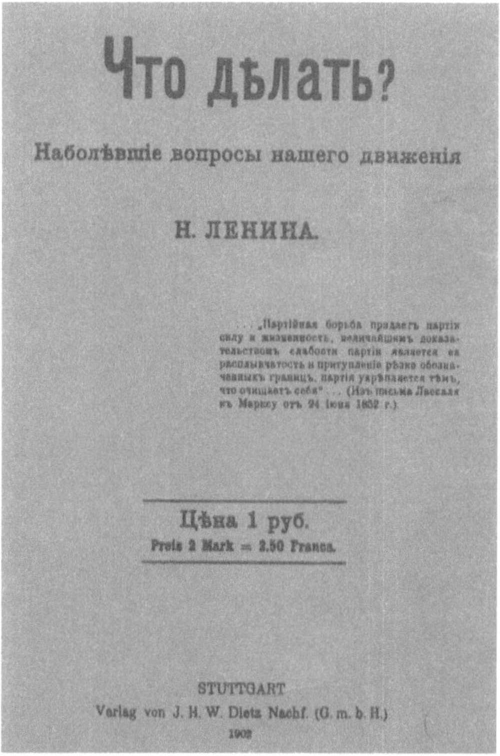

Что дѣлать?

Наболѣвшіе вопросы нашего движенія

Н. ЛЕНИНА.

„Партійная борьба придаетъ партіи силу и жизненность, величайшимъ доказательствомъ слабости партіи является ея расплывчатость и притупленіе рѣзко обозначенныхъ границъ, партія укрѣпляется тѣмъ, что очищаетъ себя" ... (Изъ письма Лассаля къ Марксу отъ 24 іюня 1852 г.)

Цѣна 1 руб.
Preis 2 Mark = 2.50 Francs.

STUTTGART
Verlag von J. H. W. Dietz Nachf. (G. m. b. H.)
1902

Abbildung 1: Umschlag der Broschüre.

ÜBER LENINS »WAS TUN«?

A.G. Grigorenko

Fortschrittsverlag
»Geschichte, Theorie & Kritik«
kontakt@fortschrittsverlag.de
https://fortschrittsverlag.de

Berlin, 2024
Druck: IngramSpark
2. Auflage

ISBN: 978–3–911323–05–5

Nach: Grigorenko, A.G. (1951). *Über das Werk W.I. Lenins »Was tun?«.* Dietz. (Original veröffentlicht 1948)

Vorliegender Band: Grigorenko, A.G. (2024). *Über das Werk W.I. Lenins »Was tun?«.* Fortschrittsverlag. (Original veröffentlicht 1948)

INHALT

VORWORT (2024)

Es gibt einen erschreckenden Mangel an Sekundärliteratur zu Lenins Werk auf dem deutschen Büchermarkt. Die meisten Lenin gewidmeten deutschen Veröffentlichungen der letzten Jahrzehnte beschäftigen sich weitgehend mit der *Person* und nicht mit seiner *Theorie*. Und selbst dort, wo die Auseinandersetzung mit dieser stattfindet, wird sie meist entstellt oder angegriffen.

Unser großes Anliegen ist es durch unsere Neuveröffentlichungen längst vergessener Werke einen notwendigen *ersten* Schritt zu tun, um dem ein Stück weit entgegenzuwirken. Wir präsentieren die 1948 von A.G. Grigorenko[1] im Kulturpalast des Stalin-Autowerks in Moskau gehaltene Vorlesung zu Lenins »Was tun?«, wobei die Wiedergabe nach der deutschen Übersetzung des von der Allunionsgesellschaft »Wissen«[2] herausgegebenen Stenogramms erfolgt. Der Anhang beinhaltet eine Reihe thematisch relevanter Texte von W.I. Lenin, die von dem Autor in seinem Vortrag erwähnt werden, nämlich: »Die ersten Lehren«, »Sozialismus und Bauernschaft« und »Iwan Wassiljewitsch Babuschkin: Nekrolog«. Die »Geschichte der KPdSU(B) – Kurzer Lehrgang« war ein wichtiges Handbuch zur Parteigeschichte für mehrere Millionen Sowjetbürger bis 1956. Das zweite und dritte Unterkapitel aus dem vierten Kapitel dieses Werks, die sich mit der Herausbildung der bolschewistischen Strömung in der Sozialdemokratischen Bewegung Russlands beschäftigen, drucken wir ebenfalls ab.

Nicht in diesem Sammelband enthalten sind die ebenfalls wichtige Vorarbeit Lenins zu »Was tun?«, »Womit beginnen?« (1901/1955), J.W. Stalins »Kurze Darlegung der Meinungsverschiedenheiten in der Partei« (1905/1950), sowie der von Lenin ausführlich rezitierte Artikel Karl Kautskys aus der »Neuen Zeit«, »Die Revision des Programms der Sozialdemokratie in Österreich« (1901).

Wir wünschen allen Genossinnen und Genossen, die ihr Studium der Klassiker durch das Hinzuziehen von Sekundärliteratur *vertiefen*, sowie all jenen, die über die gleiche Lektüre einen *Einstieg* in ihre Werke finden möchten, viel Erfolg. Zugleich verweisen wir auf unsere thematisch relevante Publikation Stalin (1905/2024).

DIE REDAKTION.

A.G. Grigorenko:
ÜBER DAS WERK W.I. LENINS »WAS TUN?«

In dem großen ideologischen Erbe, das Wladimir Iljitsch Lenin hinterlassen hat, nimmt die Arbeit »Was tun?« einen hervorragenden Platz ein. Dieses Werk hat die Aufgaben und das Aktionsprogramm des Proletariats und seiner politischen Partei für eine ganze historische Epoche mit dem klaren Licht des wissenschaftlichen Sozialismus erleuchtet. Die in diesem Buch entwickelten theoretischen Leitsätze wurden zur Grundlage der Ideologie der bolschewistischen Partei.

»Man kann mit Sicherheit sagen, dass noch niemals in der Geschichte auch nur eine einzige politische Gruppe so gründlich darauf vorbereitet war, sich als Partei zu formieren, wie die bolschewistische Gruppe« (ZK der KPdSU(B), 1938/1955, S.177).

Bei dieser Vorbereitungsarbeit hat das Werk »Was tun?« nebensolchen Werken von Lenin wie »Ein Schritt vorwärts, zwei Schritte zurück« (1904/1973), »Zwei Taktiken der Sozialdemokratie in der demokratischen Revolution« (1905/1957b) und »Materialismus und Empiriokritizismus« (1908/1975) eine grundsätzliche und entscheidende Rolle gespielt. Dieses nach den Worten des Genossen Stalin »berühmte Buch« war die ideologische Vorbereitung der Partei neuen Typus – der Partei, die frei vom Opportunismus, unversöhnlich gegenüber den Paktierern und Kapitulanten, revolutionär gegenüber der Bourgeoisie und ihrer Staatsmacht ist, der Partei, die fähig ist, die Arbeiterklasse in der sozialistischen Revolution, im Kampf um die Erringung der Diktatur des Proletariats und um die revolutionäre Umgestaltung des bürgerlich-feudalen Russlands in ein sozialistisches Russland zu führen. In der bekannten Arbeit »Kurze Darlegung der Meinungsverschiedenheiten in der Partei« (1905/1950), die zu den hervorragenden Werken des bolschewistischen Gedankenguts gehört, tritt Genosse Stalin entschieden für die genialen Ideen Lenins ein, die in dem Werk »Was tun?« dargelegt sind, und entwickelt sie weiter. Das Buch Lenins erschien im März 1902, in einer Periode, als sich das Zentrum der internationalen revolutionären Bewegung, wie Lenin vorausgesagt hatte, immer offensichtlicher aus Westeuropa nach Russland verlagerte.

Der Aufschwung der revolutionären Bewegung in Russland zu Beginn des 20. Jahrhunderts

Zu Beginn des 20. Jahrhunderts wurde Russland von einer Industriekrise erfasst, die die Schließung von nahezu 3.000 Betrieben, ein Anwachsen der Arbeitslosigkeit und ein jähes Sinken des Arbeitslohns zur Folge hatte. Die Krise konnte die Arbeiterbewegung weder zum Stillstand bringen noch schwächen. Die Bewegung entfaltete sich allerorts und nahm einen immer revolutionäreren Charakter an. Die Arbeiterklasse ging immer entschiedener von wirtschaftlichen Streiks zu politischen Massenstreiks und Demonstrationen über. Im Jahre 1902 fanden in 36 Städten und im Jahre 1903 in 63 Städten Maidemonstrationen statt. Die Streiks begannen Hunderttausende von Arbeitern zu erfassen, und überall, ob in Petersburg (»Verteidigung der Obuchower« 1901) oder in Batum, wo Genosse Stalin die bekannte politische Demonstration der Batumer Arbeiter leitete – ob in Sormowo, in Rostow am Don (1902) oder im Süden in den Tagen des Generalstreiks (Sommer 1903) – überall gingen, wie Lenin schrieb, die Arbeiter mit dem Kampfruf »Nieder mit der Selbstherrschaft!« auf die Straße.

> »Die Streiks erfassen ein ganzes Gebiet«, betonte Lenin (1905/1959b) bei der Charakterisierung der Streiks des Jahres 1903, »an ihnen beteiligen sich mehr als hunderttausend Arbeiter, in einer ganzen Reihe von Städten werden während der Streiks wiederholt politische Massenversammlungen abgehalten. Man spürt, dass wir am Vorabend von Barrikadenkämpfen stehen«[3] (S.128).

Fast überall wurde der politische Kampf von den sozialdemokratischen Komitees geleitet.

Zum ersten Mal stellte die revolutionäre Bewegung das Proletariat als Klasse allen anderen Klassen und dem Zarismus gegenüber. Sie setzte den bewaffneten Aufstand gegen die Selbstherrschaft als unvermeidlichen, selbstverständlichen nächsten Schritt auf die Tagesordnung.

Die Arbeiterbewegung übte einen mächtigen Einfluss auf die Bauernschaft aus. In den ersten vier Jahren des 20. Jahrhunderts kam es in Russland zu nicht weniger als 670 Aktionen der Bauern. Ein besonderes Ausmaß nahmen die Aktionen in der Ukraine an. Die Bauern besetzten die gutsherrlichen Ländereien, brannten die Gutshöfe nieder und nahmen den Gutsbesitzern das Getreide weg. Zur »Zähmung« der Bauern wurden Truppen aufs Land geschickt. Trotz grausamer Repressalien wuchs jedoch die Bauernbewegung weiter an. Gleichzeitig mit der revolutionären Bewegung der Bauern ging in einem Teil der bürgerlichen Intelligenz eine Wiederbelebung der Volkstümlerorganisationen vor sich, die sich später zur Partei der Sozialrevolutionäre (SR) formierten. Lenin entlarvte das wahre Gesicht dieser Partei, die sich als sozialistisch bezeichnete, und zeigte, dass die Sozialrevolutionäre die Interessen des linken Flügels der bürgerlichen Demokratie vertraten und dass ihre Taktik des individuellen Terrors unter den Verhältnissen des anwachsenden revolutionären Aufschwungs nicht nur für die politische Entwicklung des Proletariats, sondern auch für den ganzen allgemeindemokratischen Kampf gegen die Selbstherrschaft schädlich war.

Unter dem Einfluss des Klassenkampfs des Proletariats begannen die unterdrückten Nationalitäten zum aktiven politischen Leben zu erwachen. Lenin und Stalin lehrten die Werktätigen der unterdrückten Nationalitäten, dass sie ihre nationale Befreiung nur durch ihren Zusammenschluss um das russische Proletariat, nur als Ergebnis der Vernichtung der zaristischen Selbstherrschaft und des Sturzes der bürgerlich-feudalen Herrschaft in Russland erreichen können.

Die revolutionäre Bewegung der Arbeiter und Bauern brachte sogar die liberalen Bourgeois und liberalen Gutsbesitzer in Bewegung. Sowohl die einen als auch die anderen waren mit Leib und Seele für die Selbstherrschaft, aber sie befürchteten, dass die »Übergriffe« des Zarismus die revolutionäre Bewegung stärken könnten. Die Bewegung der Semstwo-Liberalen führte schon im Jahre 1902 zur Organisierung der bürgerlichen Gruppe »Oswoboschdenie [Befreiung]«. Diese Gruppe bildete den Kern der sich später bildenden Hauptpartei der Bourgeoisie in Russland, der Partei der Kadetten.

»Mit ihren Protesten gegen die ›Übergriffe‹ des Zarismus«, heißt es im »Kurzen Lehrgang der Geschichte der KPdSU(B)« (1938/1955), »verfolgten die Liberalen zwei Ziele: erstens, den Zaren ›zur Vernunft zu bringen‹, zweitens, die Maske einer ›großen Unzufriedenheit‹ mit dem Zarismus anzulegen, das Vertrauen des Volkes zu erlangen, das Volk oder einen Teil des Volkes von der Revolution abzuspalten und dadurch die Revolution zu schwächen« (S.38).

Lenin deckte schon damals das konterrevolutionäre Wesen der liberalen Bourgeoisie auf, das in den folgenden Jahren, in der Periode der ersten russischen Revolution, ganz klar zutage trat.

Die Arbeiter- und Bauernbewegung überflutete gleich einem reißenden Strom das ganze Land. In dem Bestreben, ihr Einhalt zu gebieten, wandte der Zarismus neben grausamen Repressalien und militärischen Gewaltmaßnahmen gleichzeitig auch andere Methoden an. Um die Arbeiterbewegung der zaristischen Ochrana unterzuordnen, wurden Versuche gemacht, polizeiliche Arbeiterorganisationen zu schaffen, die (nach dem Namen ihres Begründers, des Gendarmerie-Obersten Subatow) die Bezeichnung Subatoworganisationen erhielten. In diesen Polizeiorganisationen versuchte man den Arbeitern einzureden, dass es nicht notwendig sei, eine Revolution zu machen, da der Zar sich angeblich voll und ganz für die Arbeiter einsetze und bereit sei, ihre wirtschaftlichen Forderungen zu erfüllen. Aber dem revolutionären Kampf konnten weder Repressalien des Zarismus noch die Polizeiorganisationen Subatows Einhalt gebieten. Die Subatoworganisationen wurden von der anwachsenden revolutionären Bewegung der Arbeiter hinweggefegt.

Im Lande war deutlich das Nahen der Revolution zu spüren.

Der Zustand der sozialdemokratischen Organisationen in Russland jedoch mit ihrer ideologischen Zerfahrenheit und organisatorischen Handwerklerei widersprach offensichtlich den Aufgaben, die unter den Verhältnissen des anwachsenden revolutionären Aufschwungs vor der Arbeiterbewegung standen.

Die Schaffung einer einheitlichen zentralisierten proletarischen Partei, die fähig war, den revolutionären Kampf der Massen zu leiten, war die wichtigste und unaufschiebbare Aufgabe. Die Wege zur Lösung dieser schweren und komplizierten Aufgabe wies W.I. Lenin in seinem Werk: »Was tun?«

Bei der Analyse der Geschichte der russischen Sozialdemokratie von 1884 bis 1902 unterschied Lenin drei Perioden.

Die erste Periode umfasste etwa zehn Jahre, ungefähr von 1884 bis 1894. Das war die Periode des Sieges über die Volkstümlerrichtung, die Periode der ideologischen Vorbereitung der Sozialdemokratie. Aber die Sozialdemokratie war damals von der Arbeiterbewegung losgelöst, sie machte als politische Partei den Prozess ihrer embryonalen Entwicklung durch. Weder die Gruppe »Befreiung der Arbeit« noch die anderen in Russland in den achtziger Jahren entstandenen marxistischen Zirkel waren mit der Bewegung der Arbeitermassen verbunden.

Die zweite Periode umfasste die Jahre 1894 bis 1898. Im Verlauf dieser Periode trat die Sozialdemokratie in Russland als gesellschaftliche Bewegung in Erscheinung. Das war die Periode der Kindheit und des Knabenalters. Der von Lenin gegründete Petersburger »Kampfbund zur Befreiung der Arbeiterklasse« (1895), der mit der Arbeiterbewegung praktisch verbunden war und sie führte, war die erste sozialdemokratische Organisation, die die Vereinigung des Sozialismus mit der Arbeiterbewegung in Angriff nahm. Das war der erste ernsthafte Keim einer revolutionären proletarischen Partei in Russland. Der Petersburger »Kampfbund zur Befreiung der Arbeiterklasse« gab der Schaffung von marxistischen Organisationen in allen Hauptindustriezentren des Landes wie auch in den Randgebieten einen mächtigen Auftrieb. Die hervorragendste und gleichzeitig letzte Tat der Sozialdemokraten dieser Periode war die Einberufung des I. Parteitags der SDAPR. Dieser Parteitag, auf dem Lenin nicht anwesend war, proklamierte zwar die Bildung einer Partei, schuf sie aber noch nicht. Es gab kein Programm, kein Statut der Partei, keine einheitliche Leitung von einem Zentrum aus, es gab fast keine Verbindung zwischen den einzelnen Zirkeln und Gruppen.

Die dritte Periode, die 1898 die zweite Periode endgültig ablöste, war die Periode der ideologischen Zerfahrenheit, des organisatorischen Zerfalls und der Schwankungen in den Reihen der russischen Sozialdemokraten. In Verbindung mit dem Sieg des Marxismus über die Volkstümlerrichtung, in Verbindung mit den revolutionären Aktionen der Arbeiterklasse strömten in die marxistischen Organisationen große Massen revolutionärer Jugendlicher aus den Kreisen der Intelligenz, die in der Theorie schwach, in organisatorischer und politischer Hinsicht unerfahren waren und ihre Vorstellung vom Marxismus aus den opportunistischen Schreibereien der »legalen Marxisten« schöpften. Dies führte zu einer Senkung des theoretischen und politischen Niveaus der marxistischen Organisationen, zur Verstärkung der ideologischen Zerfahrenheit und des organisatorischen Wirrwarrs. Lenin (1902/1955) vergleicht diese Periode mit dem Knabenalter des Menschen, wo der Stimmbruch erfolgt und die Stimme falsch zu klingen beginnt. Dieser falsche Ton wurde einerseits in den Werken der »legalen Marxisten«, anderseits in denen der »Ökonomisten« laut. Der proletarische Kampf erfasste neue Schichten der Arbeiter und breitete sich über ganz Russland aus. Die Führer hingegen

»waren, wie sich zeigte, nicht nur in theoretischer (›Freiheit der Kritik‹) und praktischer (›Handwerklerei‹) Beziehung zurückgeblieben, sondern sie suchten ihr Zurückbleiben mit allerhand bombastischen Argumenten zu verteidigen« (S.539).

Viele Anzeichen verkündeten schon damals den Anbruch einer neuen Periode, die zur »Festigung des kämpferischen Marxismus« führen musste. Im Kampf für die Liquidierung der dritten Periode und den schnelleren Anbruch einer neuen Periode spielte das klassische Werk Lenins »Was tun?« eine gewaltige Rolle. Lenin kämpfte mit aller Leidenschaftlichkeit für die Schaffung einer politischen Kampfpartei, die fähig war, der Arbeiterklasse die Rolle des Führers, des Hegemons, in der herannahenden Revolution zu sichern und sie zum Sturz des Zaren, der Gutsbesitzer und der Kapitalisten zu führen. Gleichzeitig mit Lenin kämpfte Genosse Stalin in Transkaukasien für eine solche Partei.

Die Schaffung der marxistischen Partei stieß auf gewaltige Schwierigkeiten. Die Partei musste unter dem Feuer der grausamen Repressalien der Selbstherrschaft errichtet werden. In den Reihen der Partei selbst herrschten ideologischer Wirrwarr und organisatorische Zersplitterung. Die Partei bestand aus zahlreichen, wenig miteinander verbundenen Zirkeln und Gruppen, die sich nur mit ihrer örtlichen praktischen Kleinarbeit beschäftigten.

Um eine einheitliche zentralisierte Partei zu schaffen, musste diese Rückständigkeit überwunden und die organisatorische und ideologische Einheit in den Reihen der Sozialdemokraten hergestellt werden. Dem standen jedoch die »legalen Marxisten« und »Ökonomisten« hindernd im Wege.

Die »legalen Marxisten«, diese zeitweiligen Mitläufer der Sozialdemokratie aus den Reihen der bürgerlichen Intelligenz, drapierten sich, als der Marxismus eine so gewaltige Verbreitung in Russland fand, mit marxistischen Gewändern, um den Kampf gegen die Volkstümlerrichtung und das Banner des Marxismus zur Unterwerfung der Arbeiterbewegung unter die Interessen der Bourgeoisie auszunutzen. In Artikeln, die sie in den legalen Zeitungen und Zeitschriften drucken ließen (daher auch ihre Bezeichnung »legale Marxisten«), entstellten sie mit allen Mitteln den Marxismus und warfen das Wichtigste, die Lehre von der sozialistischen Revolution und der Diktatur des Proletariats, über Bord. Sie waren bestrebt, den Marxismus in eine für die Bourgeoisie gefahrlose Lehre zu verwandeln.

Die »Ökonomisten«, die ideologisch eng mit den »legalen Marxisten« verbunden waren, behaupteten, die Hauptsache für die Arbeiterklasse sei nicht der allgemein politische Kampf gegen die zaristische Selbstherrschaft, sondern die Organisierung des wirtschaftlichen Kampfes gegen die Unternehmer und die zaristische Regierung. Den politischen Kampf hielten die »Ökonomisten« für eine Angelegenheit der Bourgeoisie. Sie traten gegen die Schaffung einer selbständigen politischen Partei des Proletariats als der führenden Kraft der Arbeiterklasse auf. Das Hineintragen des sozialistischen Bewusstseins in die Arbeiterklasse, behaupteten die »Ökonomisten«, hemme nur die spontan wachsende Arbeiterbewegung.

Um eine marxistische Partei zu schaffen, mussten vor allen Dingen die »Ökonomisten«, dieses Hauptnest des Opportunismus, ideologisch zerschlagen werden. Deswegen vertrat Lenin die Ansicht, dass zuerst, vor Einberufung des II. Parteitags, die Frage der Ziele und Aufgaben der Partei gelöst werden müsse, dass man sich erst von den »Ökonomisten« ideologisch abgrenzen müsse.

»Bevor man sich vereinigt und um sich zu vereinigen«, schrieb Lenin (1902/1955) schon im Herbst des Jahres 1900, »muss man sich zuerst entschieden und bestimmt voneinander abgrenzen« (S.377).

Ein besonderer Platz im Kampf für die Vorbereitung der

marxistischen Partei in Russland gebührt dem Buch »Was tun?«. Den Titel dieses Buches versah Lenin mit dem Untertitel »Brennende Fragen unserer Bewegung«. Und wirklich, dieses Buch beantwortete alle wesentlichen Fragen, die damals vor der revolutionären Sozialdemokratie standen.

Im ersten Kapitel »Dogmatismus und ›Freiheit der Kritik‹«, entlarvt Lenin die von den Opportunisten proklamierte Losung der »Freiheit der Kritik« und zeigt, dass mit dieser Losung die westeuropäischen Revisionisten und ihre russischen Gesinnungsgenossen, die »Ökonomisten«, ihre bürgerliche Kritik an allen, Grundsätzen des Marxismus zu verschleiern suchen. Lenin tritt für die marxistische Lehre ein, entwickelt sie weiter und zeigt in genialer Weise die Bedeutung der fortschrittlichen revolutionären Theorie für den Kampf der Arbeiterklasse um den Sozialismus auf. Im zweiten Kapitel »Spontaneität der Massen und Bewusstheit der Sozialdemokratie« wird die Anbetung der Spontaneität durch die »Ökonomisten« aufgedeckt und die Notwendigkeit des Hineintragens des sozialistischen Bewusstseins in die spontane Arbeiterbewegung meisterhaft begründet. Im dritten Kapitel »Tradeunionistische und sozialdemokratische Politik« entlarvt Lenin die opportunistische Politik der »Ökonomisten« und arbeitet die politischen Aufgaben der proletarischen Partei in Russland heraus. Das vierte und fünfte Kapitel, »Die Handwerklerei der Ökonomisten und die Organisation der Revolutionäre« und »›Plan‹ einer gesamtrussischen politischen Zeitung«, stellen die organisatorischen Aufgaben der marxistischen Partei in Russland und entwerfen den Plan des Aufbaus dieser Partei.

Dieses große Werk Lenins ist ein Musterbeispiel des schöpferischen Marxismus, der Einheit von revolutionärer Theorie und revolutionärer Praxis, der Leninschen Unversöhnlichkeit gegenüber dem Opportunismus, gegenüber allen Feinden der Arbeiterbewegung. In diesem Buch gab

Lenin eine erschöpfende Antwort auf die brennenden Fragen der sozialdemokratischen Bewegung, bestimmte er den Typus, die Aufgaben und Perspektiven der Entwicklung der politischen Partei des Proletariats. In diesem Buch legte Lenin die ideologischen Quellen des Opportunismus bloß und zeigte die führende Rolle der revolutionären Theorie für den Klassenkampf des Proletariats auf. In ihm begründete er allseitig das Wesen der marxistischen Partei, die die Vereinigung der Arbeiterbewegung mit dem Sozialismus verkörpert, und arbeitete er genial die ideologischen Grundlagen der politischen Partei des Proletariats heraus.

Lenin über die politischen Aufgaben der marxistischen Partei

Russland befand sich zu Beginn des 20. Jahrhunderts am Vorabend der bürgerlich-demokratischen Revolution, die es

> »unter fortgeschritteneren Bedingungen in Europa und mit einem entwickelteren Proletariat als Deutschland (ganz zu schweigen von England und Frankreich) vollbringen« sollte, »wobei alle Umstände dafür sprachen, dass diese Revolution zum Ferment und zum Vorspiel der proletarischen Revolution werden musste« (Stalin, 1924/1952, S.70).

Man kann sich denken, welchen Schaden unter diesen Verhältnissen die opportunistische Philosophie der »Ökonomisten« anrichtete, die der Sozialdemokratie als wichtigste und nächste Aufgabe nicht den allgemein politischen Kampf gegen die Selbstherrschaft stellte, sondern die Organisierung des wirtschaftlichen Kampfes der Arbeiter gegen die Unternehmer und die zaristische Regierung, wobei die Unternehmer und die Regierung unversehrt bleiben sollten. Diese – dem Marxismus von Grund aus fremde – »Theorie« fand ihren Ausdruck in der praktischen Tätigkeit der Mehrheit der sozialdemokratischen Zirkel jener Periode, die ihre Arbeit auf die Herausgabe von Flugblättern beschränkten, in denen die Missstände in den Fabriken gegeißelt wurden. Die Diskussionen in Arbeiterversammlungen gingen ebenfalls fast nie über den Rahmen dieses Themas hinaus. Lenin (1902/1955) stellte fest, dass die Flugblätter über die Zustände in den Fabriken einen gewaltigen Eindruck auf die Massen machten und dass sich bei den rückständigsten Arbeitern die Leidenschaft, »sich gedruckt zu sehen« (S.411), entwickelte, eine prächtige Leidenschaft in diesem Anfangsstadium des Krieges gegen die gesamte, auf Raub und Unterdrückung aufgebaute Gesellschaftsordnung. Aber an und für sich war das, wie Lenin aufzeigte, noch keine sozialdemokratische, sondern tradeunionistische Arbeit.

Lenin betont nachdrücklich, dass der wirtschaftliche Kampf, in Verbindung mit der Mannigfaltigkeit der Arbeitsbedingungen in den verschiedenen Berufen, notwendigerweise ein gewerkschaftlicher Kampf ist. Die Sozialdemokratie hingegen stellt die politischen Forderungen nicht nur auf dem Boden des wirtschaftlichen Kampfes, sondern auf dem Boden aller Äußerungen des sozialen und politischen Lebens,

> »wie der Teil dem Ganzen untergeordnet ist, ordnet sie den Kampf für Reformen dem revolutionären Kampf für Freiheit und Sozialismus unter« (S.418–419).

Der Aufruf zur Führung des nur-wirtschaftlichen Kampfes bedeutet nichts anderes, als die Massen von den revolutionären Schlachten für den Sturz der Bourgeoisie abzulenken und auf den Kampf für Reformen im Rahmen des Kapitalismus zu beschränken. Wie aktuell diese Leninsche Charakte-

ristik auch heute noch ist, zeigt anschaulich die ganze Praxis
der Arbeiterbewegung in England, das die Heimat des Tradeunionismus ist, zeigt die Tätigkeit der gelben Gewerkschaften
anderer Länder.

Die Enthüllungen über die Missstände in den Fabriken, die nur die Arbeiter eines bestimmten Betriebs und
ihre Unternehmer betrafen, erreichten nur, dass, nach den
Worten Lenins, die Verkäufer der Arbeitskraft es lernten, ihre
»Ware« vorteilhafter zu verkaufen und den Kampf gegen die
Ausbeutung auf der Basis eines reinen Handelsgeschäfts zu
führen. Die Sozialdemokratie vertritt aber die Arbeiterklasse
nicht nur in ihrem Verhältnis zu einer bestimmten Unter-
nehmergruppe, sondern in ihrem Verhältnis zu allen Klassen
der kapitalistischen Gesellschaft und zum Staat, als der organisierten politischen Macht. Sie mobilisiert die Arbeiterklasse
nicht nur zum Kampf »für günstige Bedingungen des Verkaufs ihrer Arbeitskraft«, sondern sie leitet auch

> »den Kampf für die Aufhebung der Gesellschaftsord-
> nung, die die Besitzlosen zwingt, sich an die Reichen zu
> verkaufen« (S.413).

Die Arbeiterklasse auf den Rahmen des wirtschaftlichen
Kampfes allein zu beschränken, bedeutet, sie zu ewiger Sklaverei zu verdammen, denn

> »das grundlegende wirtschaftliche Interesse des Prole-
> tariats«, lehrt Lenin, kann »nur durch eine politische
> Revolution befriedigt werden, die die Diktatur der
> Bourgeoisie durch die Diktatur des Proletariats ersetzt«
> (S.402–403).

Dazu aber musste zuerst die Selbstherrschaft gestürzt
werden, die wie ein Kettenhund das ganze kapitalistische Sys-

tem bewachte. Und diese Aufgabe war schon keine Aufgabe der fernen Zukunft mehr.

> »Die Geschichte hat uns jetzt die nächste Aufgabe gestellt, welche die *revolutionärste* von allen *nächsten* Aufgaben des Proletariats irgendeines anderen Landes ist. Die Verwirklichung dieser Aufgabe, die Zerstörung des mächtigsten Bollwerks nicht nur der europäischen, sondern (wir können jetzt sagen) auch der asiatischen Reaktion, würde das russische Proletariat zur Avantgarde des internationalen revolutionären Proletariats machen« (S.383).

Mit der Festlegung dieser großen Aufgabe setzt Lenin die Losung der Vorbereitung der revolutionären Sozialdemokratie für den bewaffneten Volksaufstand auf die Tagesordnung.

In dieser Situation stellt Lenin der marxistischen Partei die Aufgabe, den politischen Kampf des Proletariats auf das breiteste zu entfalten und die Arbeitermassen im revolutionären Geiste zu erziehen. Diese Erziehung muss in der Organisierung einer allseitigen politischen Entlarvung der gesamten kapitalistischen Gesellschaft bestehen. Ohne dies, so warnt Lenin, kann man das politische Bewusstsein und die revolutionäre Aktivität der Massen nicht entwickeln. Der Arbeiter muss daran gewöhnt werden, vom sozialdemokratischen Standpunkt aus auf alle Fälle von Willkür und Unterdrückung zu reagieren, ganz gleich, welche Klassen das betrifft. Er muss lernen, die Tätigkeit der anderen Klassen der Gesellschaft zu beobachten, sich eine klare Vorstellung von dem sozialen und politischen Gesicht und dem ökonomischen Wesen einer jeden Klasse zu machen und die marxistische Einschätzung aller Seiten des Lebens aller Klassen, Schichten und Bevölkerungsgruppen in der Praxis anzuwenden.

Und Lenin entwickelt eingehend die Lehre von der Hegemonie des Proletariats, die er schon im Jahre 1894 in seiner Arbeit »Was sind die ›Volksfreunde‹ und wie kämpfen sie gegen die Sozialdemokraten?« (1894/1961) aufgestellt hatte. Dabei charakterisiert er die Arbeiterklasse als Führer der Bauernschaft und aller Werktätigen bei der bevorstehenden demokratischen Umwälzung.

In Russland waren zur damaligen Zeit schon zwei verschiedenartige soziale Kriege im Gange, die sich später, in den Jahren der ersten russischen Revolution, mit aller Macht entfalteten:

»Der eine spielt sich im Schoße der heutigen absolutistisch-leibeigenschaftlichen Ordnung, der andere im Schoße der künftigen, vor unseren Augen schon entstehenden bürgerlich-demokratischen Ordnung ab. Der eine ist der Kampf des gesamten Volkes für die Freiheit (für die Freiheit der bürgerlichen Gesellschaft), für die Demokratie, d.h. für die Volksherrschaft – der andere ist der Klassenkampf des Proletariats gegen die Bourgeoisie für die sozialistische Gesellschaftsordnung« (Lenin, 1905/1957a, S.304).

Die revolutionäre Sozialdemokratie musste also zwei Kriege gleichzeitig führen, die ihrem Charakter und ihren Zielen nach völlig verschiedenartig waren. Lenin warnte die revolutionären Sozialdemokraten vor dem Vergessen des Endziels – der Vernichtung des Kapitalismus und des Aufbaus des Sozialismus – und – betonte gleichzeitig nachdrücklich, dass der Kampf gegen die Grundlagen der bürgerlichen Gesellschaft selbst umso erfolgreicher sein wird, je vollständiger der demokratische Umsturz durchgeführt wird, dessen Führer nur das Proletariat sein kann und sein muss.

Die »Ökonomisten« hingegen behaupteten, dass es nicht Sache des Proletariats sei, die allgemeindemokratische Bewegung zu führen, dass dies angeblich eine Verletzung der Reinheit der proletarischen Klassenlinie sei. Lenin entlarvte diese opportunistischen Anschauungen der »Ökonomisten«, die die Taktik der zukünftigen Menschewiki in Keimform zum Ausdruck brachten. Lenin zeigte, dass das Wesen der wahrhaft proletarischen Politik gerade darin besteht, dass die revolutionäre Sozialdemokratie den sozialistischen Kampf der Arbeiterklasse mit der allgemeindemokratischen Bewegung für den Sturz des Zarismus zu einem untrennbaren Ganzen vereinigt.

> »der ist kein Sozialdemokrat«, sagt Lenin (1902/1955), »der in der Praxis vergisst, dass ›die Kommunisten überall jede revolutionäre Bewegung unterstützen‹, dass wir daher verpflichtet sind, *vor dem ganzen Volke die allgemeindemokratischen Aufgaben* darzulegen und hervorzuheben, ohne auch nur einen Augenblick unsere sozialistischen Überzeugungen zu verheimlichen. Der ist kein Sozialdemokrat, der in der Praxis seine Pflicht vergisst, bei der Aufrollung, Zuspitzung und Lösung *jeder* allgemeindemokratischen Frage *allen voranzugehen*« (S.440).

Das Proletariat kann nur dann seine Rolle als Führer aller Werktätigen erfüllen, lehrt Lenin, wenn es unter alle Klassen der Bevölkerung geht, unter allen Schichten des Volkes Propaganda und Agitation treibt, »die Abteilungen seiner Armee *in alle Richtungen*« schickt, dabei das Bündnis der Arbeiterklasse mit der Bauernschaft und allen werktätigen Massen verwirklicht, seine selbständige Klassenlinie durchführt und schonungslos die liberale Bourgeoisie entlarvt. Das Ideal eines Marxisten darf nicht der von den Massen losgelöste Sekretär einer Trade-Union sein, sondern es ist der Volkstribun, der jede Gelegenheit ausnutzt, um das Proletariat über die welthistorische Bedeutung seines revolutionären Kampfes aufzuklären.

> *Wir* müssen aus den Praktikern der Sozialdemokratie politische Führer heranbilden, die imstande sind, diesen allseitigen Kampf in all seinen Erscheinungsformen zu leiten, die imstande sind,…im gegebenen Moment sowohl den rebellierenden Studenten und unzufriedenen Semstwoleuten als auch den empörten Sektierern, den benachteiligten Volksschullehrern usw. usf. ›ein positives Aktionsprogramm zu diktieren‹« (S.442).

Die Verwirklichung der Richtlinien Lenins und Stalins über die führende Rolle der Arbeiterklasse durch die Bolschewiki spielte bei der Entwicklung der revolutionären Bewegung in Russland eine gewaltige Rolle. Die geniale Lenin-Stalinsche Idee vom Proletariat als dem Führer und Vorkämpfer aller Werktätigen gab und gibt der bolschewistischen Partei in allen Etappen ihrer Tätigkeit, gab und gibt den Kommunisten der ganzen Welt das Rüstzeug zum Kampf. Davon legt die ganze Geschichte der drei Revolutionen in Russland, legt die führende Rolle des Proletariats im Kampf für den Sturz des Zarismus und der bürgerlich-feudalen Herrschaft, für den Aufbau des Sozialismus in der Sowjetunion Zeugnis ab. Davon zeugt ebenso die führende Rolle der von den Kommunisten geleiteten Arbeiterklasse in den Ländern der Volksdemokratie.

Das Proletariat der bürgerlichen Länder erfüllt das Vermächtnis des großen Lenin und die genialen Richtlinien des Genossen Stalin und schickt unter der Führung der Kommunisten »die Abteilungen seiner Armee *in alle Richtungen*«. Die kommunistischen Parteien – der Vortrupp des Proletariats – halten die Wacht zum Schutz des Friedens, der Demokratie und der nationalen Unabhängigkeit ihrer Länder, sie stehen an der Spitze aller Kräfte, die bereit sind, die Sache der Ehre und der Freiheit zu verteidigen. Sie leiten auf der ganzen Linie den Widerstand gegen die Pläne der imperialistischen Expansion und Aggression, sie sammeln alle demokratischen und patriotischen Kräfte der Völker um sich.

Die historischen Siege, die die Arbeiterklasse der UdSSR unter Führung der Partei Lenins und Stalins errungen hat, die fortschrittliche Rolle des Proletariats der westeuropäischen Länder im Kampf gegen die Hitlertyrannei während des Krieges und im Kampf für Frieden, Demokratie und Sozialismus während der Nachkriegsperiode – all das ist ein Beweis für den welthistorischen Triumph der Lenin-Stalinschen Ideen vom Proletariat als dem Führer aller Werktätigen in ihrem Kampf für ihre soziale und nationale Befreiung. Die gesamte Erfahrung der kommunistischen Bewegung in der Welt zeigt anschaulich, dass die kommunistischen Parteien wachsen, erstarken und sich stählen, dass sie Millionenmassen hinter sich haben, wenn sie durch ihre Tätigkeit die führende Rolle des Proletariats als des Hegemons aller Werktätigen gewährleisten. Und umgekehrt, jedes Abweichen vom Marxismus-Leninismus in der Frage der Hegemonie des Proletariats fügt der Sache des Sozialismus großen Schaden zu. Wohin die Abwendung von dem Lenin-Stalinschen Grundsatz der Hegemonie der Arbeiterklasse führt, zeigt die von allen kommunistischen Bruderparteien verurteilte Praxis der Tito-Clique in Jugoslawien, die in der Frage der führenden Rolle der Arbeiterklasse den marxistisch-leninistischen Standpunkt verraten, den Weg einer volkstümlerischen Kulakenpartei beschritten und sich damit außerhalb der kommunistischen Einheitsfront gestellt hat.

Lenin über die Bedeutung der revolutionären Theorie für die politische Partei des Proletariats

Die Leugnung der politischen Aufgaben der Arbeiterklasse seitens der »Ökonomisten« war der direkte Ausdruck ihrer Anbetung der Spontaneität der Arbeiterbewegung. Die »Ökonomisten«, die den spontanen Prozess der Arbeiterbewegung verherrlichten, bezichtigten Lenin und die Leninisten der Unterschätzung der Bedeutung des »objektiven oder spontanen Elements« und leugneten die führende Rolle der Partei, wobei sie diese »als *Ballast* in der Bewegung« (Stalin, 1905/1950, S.79) hinstellten.

Bei der Analyse der Streikbewegung von den sechziger bis zu den neunziger Jahren des vergangenen Jahrhunderts zeigte Lenin, dass die spontane Arbeiterbewegung eine tradeunionistische Bewegung ist, das heißt eine Bewegung, die sich auf den wirtschaftlichen Kampf gegen die Unternehmer beschränkt und die Grundlagen der Existenz der kapitalistischen Gesellschaft selbst nicht anrührt.

Die Streiks der sechziger und siebziger Jahre waren primitive »Rebellionen«. Aber sie brachten schon ein gewisses Erwachen des Bewusstseins zum Ausdruck: Die Arbeiter verloren den Glauben an die Unerschütterlichkeit der sie unterdrückenden Ordnung, sie begannen die Notwendigkeit einer gemeinsamen, kollektiven Abwehr zu empfinden. Aber all dies war viel eher ein Ausdruck der Verzweiflung und der Rache als ein Kampf. Gegenüber diesen »Rebellionen«, sagte Lenin, konnte man die Streiks der neunziger Jahre sogar schon als »bewusste« Streiks bezeichnen: Dort wurden bestimmte Forderungen aufgestellt, die Erfahrungen anderer Streiks berücksichtigt usw. So bildete also, wie Lenin aufzeigte, schon die spontane Bewegung selbst die Keimform der Bewusstheit. Aber trotz allem blieben auch diese Streiks rein spontan, waren es tradeunionistische und keine sozialdemokratischen Kämpfe: Die Arbeiterklasse erhob sich in ihnen noch nicht zum Verständnis des Gegensatzes, der zwischen ihren Interessen und denen der gesamten kapitalistischen Ordnung bestand.

Lenin zeigte, dass ein bedeutender Teil der Sozialdemokraten in den Jahren von 1895 bis 1898 mit einer umfassenden Kampftaktik auftrat. Den meisten von ihnen mangelte es jedoch an revolutionärer Erfahrung und organisatorischem Geschick. Das war, wie Lenin (1902/1955) sagte, natürlich, und es war nur das halbe Übel.

»Man muss die Fehler nur einsehen, diese Einsicht ist in revolutionären Dingen schon mehr als die halbe Besserung!

Aber das halbe Übel wurde zu einem Ganzen, als diese Einsicht zu schwinden begann (bei den Mitgliedern der obengenannten Gruppen war sie sehr lebendig gewesen), als Leute – und sogar sozialdemokratische Organe – auftauchten, die bereit waren, aus der Not eine Tugend zu machen, die versuchten, ihre *sklavische Anbetung der Spontaneität* sogar *theoretisch* zu begründen« (S.389).

Die Träger und Ideologen dieser Anbetung der Spontaneität waren gerade die »Ökonomisten«. Sie warfen den revolutionären Sozialdemokraten vor, dass diese durch ihr Bestreben, »stets an das politische Ideal zu denken« und die Revolutionierung des Dogmas höher zu stellen als die Revolutionierung des Lebens, »die ökonomische Grundlage der Bewegung« verschleierten (S.391).

Diese These der »Ökonomisten«, sagte Lenin, war dem Wesen nach nur die russische Übersetzung des berüchtigten Bernsteinschen Satzes: »Die Bewegung ist alles, das Endziel ist nichts« (S.418). Die »Ökonomisten« riefen nur zum tradeunionistischen Kampf auf und verkündeten, dass eine Kopeke Zulage auf den Rubel mehr wert sei als jeglicher Sozialismus, dass die Arbeiter nicht für irgendwelche zukünftigen Generationen, sondern für sich und ihre Kinder kämpfen sollten (vgl. S.392).

Der Tradeunionismus schließt also keineswegs *jede* »Politik« aus. Die Trade-Unions, betont Lenin, haben immer eine gewisse (aber nicht sozialdemokratische) Agitation und einen gewissen Kampf geführt. Aber dieser Kampf rührt nicht an die Grundlagen der Existenz des Kapitalismus, nicht an die Grundlagen des kapitalistischen Privateigentums. Die Aufgabe der Sozialdemokraten aber erschöpft sich nicht in politischer Agitation auf ökonomischem Gebiet. Die Aufgabe der Sozialdemokratie besteht darin, das erste Aufschimmern des politischen Bewusstseins bei den Arbeitern, das im ökonomischen Kampf entstanden ist, auszunutzen,

> »um die Arbeiter auf das Niveau des sozialdemokratischen politischen Bewusstseins zu heben« (S.429).

Die spontane Arbeiterbewegung ist Tradeunionismus, das heißt, sie bedeutet die ideologische Versklavung der Arbeiter durch die Bourgeoisie.

> »Darum besteht unsere Aufgabe, die Aufgabe der Sozialdemokratie«, sagt Lenin, »im *Kampf gegen die Spontaneität,* sie besteht darin, die Arbeiterbewegung von dem spontanen Streben des Tradeunionismus, sich unter die Fittiche der Bourgeoisie zu begeben, *abzubringen* und sie unter die Fittiche der revolutionären Sozialdemokratie zu bringen« (S.396).

Genosse Stalin (1905/1950), der für diese Ideen Lenins

eintrat und sie weiterentwickelte, schrieb in seiner Broschüre »Kurze Darlegung der Meinungsverschiedenheiten in der Partei«, dass die spontane Arbeiterbewegung eine Bewegung ohne Sozialismus, dass sie Tradeunionismus ist, der nichts außerhalb des Rahmens des Kapitalismus sehen will, dass sie ein Auf-der-Stelle-Treten im Rahmen des Kapitalismus, ein Kreisen um das Privateigentum herum ist (vgl. S.83).

Nur die politische Partei des Proletariats kann das Proletariat auf dem sichersten und nächsten Weg zur sozialistischen Revolution bringen. Nur die revolutionäre Partei, nur die Kampfpartei der Arbeiterklasse vermag es, sie über den Weg und die Perspektiven ihres Kampfes aufzuklären, sie zum Sturz des Kapitalismus zu führen. Lenin bewies, dass die Verherrlichung des spontanen Prozesses der Arbeiterbewegung bedeutet, die Rolle der Partei auf die eines Registrators der Ereignisse zu beschränken, auf die Vernichtung der Partei hinzuarbeiten, die Arbeiterklasse zu verraten und sie in den Kämpfen gegen den organisierten und starken Klassenfeind ungerüstet zu lassen.

* * *

Das Anwachsen der spontanen Arbeiterbewegung stellte der Sozialdemokratie die äußerst wichtige Aufgabe, das sozialistische Bewusstsein in sie hineinzutragen.

> »Je stärker der spontane Aufschwung der Massen ist, je breiter die Bewegung wird, desto schneller, unvergleichlich schneller wächst das Bedürfnis nach einer Masse von Bewusstheit sowohl in der theoretischen als auch in der politischen und organisatorischen Arbeit der Sozialdemokratie«, schrieb Lenin (1902/1955, S.408–409).

Aber gerade gegen das Hineintragen der Bewusstheit in

die Arbeiterbewegung traten vor allem die »Ökonomisten« auf. Sie stellte die Behauptung auf, dass keinerlei Anstrengungen, selbst der gebildetsten und hinreißendsten Ideologen, die Arbeiterbewegung vom Wege des rein ökonomischen Kampfes abbringen könnten, der durch die »Wechselwirkung der materiellen Elemente und der materiellen Umgebung« bestimmt sei. Lenin entlarvte diese These der »Ökonomisten«, die nichts anderes als eine vulgäre Entstellung des Marxismus darstellte, und bewies, dass sie *völlig gleichbedeutend mit dem Verzicht auf den Sozialismus«* (S.396) ist.

Der Marxismus-Leninismus geht bei seiner praktischen Tätigkeit von den Bedürfnissen der Entwicklung des materiellen Lebens der Gesellschaft aus. Daraus folgt aber keineswegs, lehren Lenin und Stalin, dass die gesellschaftlichen Ideen und Theorien im Leben der Gesellschaft keine Bedeutung haben und keine Rückwirkung auf das gesellschaftliche Sein ausüben.

> »Neue gesellschaftliche Ideen und Theorien«, sagt Genosse Stalin (1938/1955), »entstehen erst, nachdem die Entwicklung des materiellen Lebens der Gesellschaft diese vor neue Aufgaben gestellt hat. Aber nachdem sie entstanden sind, werden sie zu einer höchst bedeutenden Kraft, die die Lösung der neuen, durch die Entwicklung des materiellen Lebens der Gesellschaft gestellten Aufgaben erleichtert, die Vorwärtsbewegung der Gesellschaft erleichtert. Gerade hier äußert sich die gewaltige organisierende, mobilisierende und umgestaltende Rolle neuer Ideen, neuer Theorien, neuer politischer Anschauungen, neuer politischer Einrichtungen« (S.140).

Lenin legte den Opportunismus der »Ökonomisten« bloß und bewies, dass die Anbetung der Spontaneität und die Herabminderung der Rolle des sozialistischen Bewusstseins bedeutet, in den Sumpf des Opportunismus hinabzusinken, die proletarische Avantgarde, die politische Partei der Arbeiterklasse, zu entwaffnen und in ihren Augen die revolutionäre Theorie zu entwerten, das heißt, jene Waffe zu entwerten, mit deren Hilfe die Partei die Entwicklungsgesetze der Gesellschaft versteht, die Gegenwart erkennt und die Zukunft voraussieht.

Bei der Begründung der führenden Rolle der revolutionären Theorie zeigte Lenin (1902/1955) ihre besondere Bedeutung für die russische Sozialdemokratie, die durch drei Umstände bestimmt wurde. Erstens formierte sich die Sozialdemokratie damals in Russland gerade als Partei, arbeitete sie eben erst ihr eigenes Gesicht heraus und hatte mit den anderen, nichtmarxistischen Strömungen in der revolutionären Bewegung noch nicht abgerechnet. Zweitens war eine »Fülle an theoretischen Kräften und politischen (und auch revolutionären) Erfahrungen« (S.380) für die richtige, selbständige und kritische Ausnutzung der Erfahrung der internationalen sozialdemokratischen Bewegung notwendig. Drittens, betonte Lenin, spielte die fortschrittliche Theorie für die russische Sozialdemokratie damals auch deswegen eine besondere Rolle, weil Russland am Vorabend großer revolutionärer Schlachten für die Befreiung des gesamten Volkes vom Joch der Selbstherrschaft stand (vgl. S.380).

Lenin erinnert an die Bemerkung von Engels, dass die Sozialdemokratie nicht nur die politische und ökonomische Kampfform ausnutzen, sondern auch den theoretischen Kampf führen muss (vgl. S.381–383). Er weist auf die schweren Prüfungen hin, die dem russischen Proletariat im Kampf gegen den Zarismus bevorstehen, er sieht voraus, dass das russische Proletariat den Ehrentitel der Avantgarde des internationalen revolutionären Proletariats nur dann wird erringen können, wenn es den Sozialdemokraten gelingt, diese gewaltige, in die Tiefe gehende Bewegung mit der grenzenlosen Entschlossenheit und Energie, wie sie nur ein großes Ziel hervorbringt, mit dem unerschütterlichen Glauben an den Sieg ihrer Sache und mit der klaren Erkenntnis der Wege zu erfüllen, die zur Erringung dieses Sieges führen. Und Lenin formuliert seinen unsterblichen Grundsatz:

»Ohne revolutionäre Theorie kann es auch keine revolutionäre Bewegung geben…die Rolle des Vorkämpfers [kann] nur eine Partei erfüllen…, die von einer fortgeschrittenen Theorie geleitet wird« (S.380).

Die Pflicht der Partei ist es, ihre revolutionäre Theorie rein zu halten, sie unermüdlich zu entwickeln und in die Massen zu tragen und die Werktätigen mit sozialistischem Bewusstsein zu wappnen. Genosse Stalin (1905/1950) schrieb in der Broschüre »Kurze Darlegung der Meinungsverschiedenheiten in der Partei«, dass die

»Trägerin dieses Bewusstseins, die Sozialdemokratie, verpflichtet ist, das sozialistische Bewusstsein in die Arbeiterbewegung hineinzutragen« (S.80),

denn die spontane Arbeiterbewegung ohne Sozialismus ist ein Umherirren im Dunkeln.

Über 40 Jahre sind vergangen, seit die Begründer der bolschewistischen Partei – Lenin und Stalin – diese Weisungen gaben, die zu den wichtigsten ideologischen Grundlagen des Bolschewismus gehören. Der Marxismus-Leninismus hat im Verlauf der Geschichte seine große historische Prüfung bestanden und sich als wahre – und – deswegen allmächtige – Lehre erwiesen. In all den äußerst komplizierten historischen Etappen, die die Partei der Bolschewiki seit jener Zeit durchlaufen hat, hat ihr die Lehre von Marx, Engels, Lenin und Stalin immer geholfen, die Lage richtig zu beurteilen und eine richtige politische Linie durchzuführen. Sie ermöglichte die wissenschaftliche Voraussicht der Perspektiven der weiteren Entwicklung des gesellschaftlichen Lebens, die Fähigkeit, eine fehlerlose Lösung der schwierigsten Aufgaben zu finden. Geleitet von der fortschrittlichen revolutionären Theorie, hat die Partei der Bolschewiki das Sowjetvolk zu großen Siegen geführt. Geleitet von der Lehre von Marx, Engels, Lenin und Stalin haben die kommunistischen Bruderparteien Millionenmassen von Werktätigen zum heroischen Kampf gegen den Imperialismus, für den Sieg des Sozialismus und der Demokratie unter ihren Bannern vereinigt.

Das Abweichen, das Abgehen vom Marxismus-Leninismus bedeutet Verrat an der Arbeiterklasse. Das zeigt immer wieder die verräterische Praxis der heutigen jugoslawischen Führer, die den proletarischen Internationalismus verraten und den Weg des bürgerlichen Nationalismus betreten haben, die mit der marxistisch-leninistischen Theorie von den Klassen und vom Klassenkampf, mit der marxistisch-leninistischen Lehre von der Partei als wichtigster führender und leitender Kraft in ihrem Lande gebrochen und sich damit außerhalb der Familie der kommunistischen Bruderparteien gestellt haben.

* * *

Ausgehend von der Theorie der Spontaneität, behaupteten die »Ökonomisten«, dass sich die Arbeiterklasse spontan zum Sozialismus hingezogen fühle und dass deswegen das sozialistische Bewusstsein, die sozialistische Ideologie aus der spontanen Arbeiterbewegung entstehen könnten. Lenin zeigte, dass diese Behauptung der »Ökonomisten« ein Betrug an der Arbeiterklasse ist.

Die Geschichte der internationalen Arbeiterbewegung lehrt, sagt Lenin (1902/1955), dass die Arbeiterklasse mit ausschließlich eigenen Kräften nur ein tradeunionistisches Bewusstsein herauszuarbeiten vermag, das heißt,

> »die Überzeugung von der Notwendigkeit, sich in Verbänden zusammenzuschließen, einen Kampf gegen die Unternehmer zu führen, der Regierung diese oder jene für die Arbeiter notwendigen Gesetze abzutrotzen u.a.m.« (S.386).

Die sozialistische Ideologie entsteht nicht aus der spontanen Bewegung, sondern aus der Wissenschaft, und wenn die »Ökonomisten« die Notwendigkeit des Hineintragens des sozialistischen Bewusstseins in die Arbeiterklasse leugnen, so erleichtern sie damit das Eindringen der bürgerlichen Ideologie in die Arbeiterklasse.

Lenin erinnert daran, dass die Lehre des Sozialismus aus philosophischen, historischen und ökonomischen Theorien entstand, die von gebildeten Vertretern der besitzenden Klassen, der Intelligenz, herausgearbeitet wurden, und dass die Begründer des wissenschaftlichen Sozialismus, Marx und Engels selbst, ihrer sozialen Stellung nach der bürgerlichen Intelligenz angehörten. Ebenso entstand auch in Russland die theoretische Lehre der Sozialdemokratie als natürliches und unvermeidliches Ergebnis der Ideenentwicklung der revolutionär-sozialistischen Intelligenz. Das sozialistische Bewusstsein konnte nur von außen in die Arbeiterklasse hineingetragen werden, denn unter den Bedingungen der kapitalistischen Ausbeutung ist das Proletariat der Möglichkeit beraubt, sich an die Spitze der Wissenschaft zu stellen und sie vorwärtszutreiben.

> »Man sagt«, schrieb Genosse Stalin (1905/1950), als er die Leninschen Ideen entwickelte, »dass die Arbeiter*klasse* in einigen Ländern selbst eine sozialistische Ideologie

(den wissenschaftlichen Sozialismus) herausgearbeitet habe und sie auch in den übrigen Ländern herausarbeiten werde, weshalb es ganz überflüssig sei, sozialistisches Bewusstsein in die Arbeiterbewegung von außen hineinzutragen. Das ist jedoch ein schwerer Irrtum. Um den wissenschaftlichen Sozialismus herauszuarbeiten, muss man an der Spitze der Wissenschaft stehen, muss man mit wissenschaftlichen Kenntnissen gewappnet sein und es verstehen, die Gesetze der historischen Entwicklung eingehend zu erforschen. Die *Arbeiterklasse* aber, solange sie Arbeiterklasse bleibt, ist außerstande, an die Spitze der Wissenschaft zu treten, sie vorwärtszubringen und die historischen Gesetze wissenschaftlich zu erforschen: sie hat hierfür weder Zeit noch Mittel« (S.86).

Das bedeutet natürlich nicht, dass die Arbeiter an der Herausarbeitung des sozialistischen Bewusstseins nicht teilnehmen. Aber sie nehmen daran nicht als Arbeiter teil, sondern als Theoretiker des Sozialismus, sie nehmen nur dann und soweit daran teil, sagte Lenin, als es ihnen gelingt, sich das Wissen ihrer Zeit anzueignen und dieses Wissen zu bereichern.

Die Arbeiterklasse, sagte Lenin (1902/1955), fühlt sich spontan zum Sozialismus hingezogen, denn die sozialistische Theorie zeigt tiefgehend und richtig die Ursachen des Elends der Arbeiterklasse auf und weist den Weg zu ihrer Befreiung von der kapitalistischen Sklaverei. Deswegen erfassen die Arbeiter die Theorie so leicht. Aber

»die am weitesten verbreitete (und in den mannigfaltigsten Formen ständig wiederauferstehende) bürgerliche Ideologie drängt sich« – in der kapitalistischen Gesellschaft – »trotzdem spontan dem Arbeiter am meisten auf« (S.397).

Und Lenin zieht die Schlussfolgerung, dass der Sozialismus nur dann zu einer scharfen Waffe werden kann, wenn er mit der Arbeiterbewegung vereinigt wird. Dieser Leninsche Grundsatz wurde von Genossen Stalin (1905/1950) mit außerordentlicher Kraft vertreten und entwickelt.

»Was ist wissenschaftlicher Sozialismus *ohne Arbeiterbewegung?*«, schrieb Genosse Stalin. »Ein Kompass, der, macht man von ihm keinen Gebrauch, nur verrosten kann, und dann müsste er über Bord geworfen werden.

Was ist Arbeiterbewegung *ohne Sozialismus?* Ein Schiff ohne Kompass, das auch so am anderen Ufer landen wird, das jedoch, wenn es einen Kompass hat, das Ufer bedeutend schneller erreichen und weniger Gefahren ausgesetzt sein würde.

Vereinigt beides, und ihr erhaltet ein prächtiges Schiff, das direkt nach dem anderen Ufer steuert und den Hafen unbeschädigt erreicht.

Vereinigt die Arbeiterbewegung mit dem Sozialismus, und ihr erhaltet die sozialdemokratische Bewegung, die auf direktem Wege dem ›gelobten Land‹ entgegenstreben wird« (S.88–89).

Deswegen, fährt Genosse Stalin fort, ist es die Pflicht der Sozialdemokratie, in die spontane Bewegung der Arbeiter das sozialistische Bewusstsein hineinzutragen und die fortgeschrittenen Kräfte des Proletariats zu einer zentralisierten Partei zu vereinigen, stets an der Spitze der Bewegung zu marschieren und unermüdlich alle zu bekämpfen, die der Verwirklichung dieser Aufgaben hindernd im Wege stehen.

Gerade gegen die Verwirklichung dieser Aufgabe, die von Lenin und Stalin gestellt wurde, führten die »Ökonomisten« einen wütenden Kampf, indem sie die Arbeiterbewegung zurück zum tradeunionistischen Kampf zerrten und behaupteten, dass die Arbeiterklasse die sozialistische Ideologie im Verlaufe des spontanen Prozesses selbst herausarbeite.

Nachdem Lenin bewiesen hatte, dass das sozialistische Bewusstsein nur von außen in die Arbeiterklasse hineingetragen werden kann, stellte er den Grundsatz auf, dass die Arbeiterbewegung, solange sie spontan ist, der bürgerlichen Ideologie unterliegt.

»Kann nun von einer selbständigen, von den Arbeitermassen im Verlauf ihrer Bewegung selbst ausgearbeiteten Ideologie keine Rede sein[1]«, schrieb Lenin (1902/1955), »die Frage *nur so* stehen: bürgerliche oder sozialistische Ideologie. Ein Mittelding gibt es hier nicht…Darum bedeutet *jede* Herabminderung der sozialistischen Ideologie, *jedes Abschwenken* von ihr zugleich eine Stärkung der

---

[1] [Lenin (1902/1955): Dies heißt selbstverständlich nicht, dass die Arbeiter an dieser Ausarbeitung nicht teilnehmen. Aber sie nehmen daran nicht als Arbeiter teil, sondern als Theoretiker des Sozialismus, als die Proudhon und Weitling, mit anderen Worten, sie nehmen nur dann und soweit daran teil, als es ihnen in höherem oder geringerem Maße gelingt, sich das Wissen ihres Zeitalters anzueignen und dieses Wissen zu bereichern. Damit aber den Arbeitern *dieses häufiger gelinge*, ist es notwendig, alles zu tun, um das Niveau der Bewusstheit der Arbeiter im Allgemeinen zu heben; ist es notwendig, dass die Arbeiter sich nicht in dem künstlich eingeengten Rahmen einer »*Literatur für Arbeiter*« abschließen, sondern dass sie es immer mehr lernen, sich die *allgemeine Literatur* zu eigen zu machen. Es wäre sogar richtiger, anstatt »sich nicht abschließen« zu sagen: nicht abgeschlossen werden, denn die Arbeiter selbst lesen alles und wollen alles lesen, auch das, was für die Intelligenz geschrieben wird, und nur einige (schlechte) Intellektuelle glauben, »für Arbeiter« genüge es, wenn man ihnen von den Zuständen in der Fabrik erzählt und längst bekannte Dinge wiederkäut (S.395)].

bürgerlichen Ideologie« (S.395–396).

Warum, fragt Lenin, führt die spontane Bewegung in der kapitalistischen Gesellschaft zur bürgerlichen Ideologie? Erstens, weil die bürgerliche Ideologie ihrer Herkunft nach viel älter ist als die sozialistische, weil sie vielseitiger ausgebaut ist, zweitens, weil sie über unvergleichlich mehr Mittel der Verbreitung verfügt. Und je jünger die sozialistische Bewegung in einem Lande ist, desto energischer muss der Kampf gegen alle Versuche, die nichtsozialistische Ideologie in der Arbeiterbewegung zu festigen, geführt werden.

Dieselbe Schlussfolgerung zieht Genosse Stalin (1905/1950) in seiner Broschüre »Kurze Darlegung der Meinungsverschiedenheiten in der Partei«:

»Die Sozialdemokratie ist verpflichtet, diese Hinneigung zur bürgerlichen Ideologie zu *bekämpfen* und die andere Hinneigung zu fördern – die Hinneigung zum Sozialismus. Natürlich wird sich irgendeinmal, nach langen Irrungen und Qualen, die spontane Bewegung auch ohne Hilfe der Sozialdemokratie durchsetzen, bei den Toren der sozialen Revolution anlangen, da die Arbeiterklasse sich *spontan* zum Sozialismus hingezogen fühlt‹. Was aber soll bis dahin werden, was sollen wir bis dahin tun? Die Hände in den Schoß legen, wie die ›Ökonomisten‹, und den Struves und Subatows Platz machen? Die Sozialdemokratie abschwören und dadurch die Herrschaft der bürgerlichen, tradeunionistischen Ideologie begünstigen? Den Marxismus vergessen und nicht ›Sozialismus und Arbeiterbewegung vereinigen‹?

Nein! Die Sozialdemokratie ist der Vortrupp des Proletariats, und hat die Pflicht, stets an der Spitze des Proletariats zu marschieren« (S.85).

Das Leben zeigt auf Schritt und Tritt, welch mächtige Waffe die revolutionäre Theorie, die die revolutionäre Umgestaltung der Gesellschaft beschleunigt, in den Händen des Proletariats ist. Die Lehre des Marxismus-Leninismus, die die Partei Lenins und Stalins im Kampf gegen die Opportunisten aller Schattierungen verteidigte und entwickelte, ist ein zuverlässiger, fehlerlos funktionierender Kompass. Mit ihm steuert die Partei, unter Führung des Genossen Stalin, das sowjetische Schiff sicher zu den Ufern des »gelobten Landes«, zum Kommunismus.

Das Leben zeigt auf Schritt und Tritt, welch gewaltige theoretische und praktische Bedeutung die von Lenin und Stalin ausgearbeitete Frage der Rolle der revolutionären Theorie, des sozialistischen Bewusstseins im revolutionären Kampf des Proletariats hat. Der Lenin-Stalinsche Grundsatz, dass die Arbeiterklasse, wenn die sozialistische Ideologie nicht in sie hineingetragen wird, unvermeidlich unter den Einfluss der bürgerlichen Ideologie gerät, hat voll und ganz seine Bestätigung gefunden.

Lenin und Stalin lehren, dass der vorherrschende Einfluss der marxistischen Ideologie in der Arbeiterbewegung nur durch den unentwegten Kampf gegen die bürgerliche Ideologie gewahrt werden kann. Die kommunistischen Bruderparteien führen diese Richtlinien Lenins und Stalins durch und kämpfen unermüdlich für die Hineintragung des marxistisch-leninistischen Bewusstseins in alle Schichten der Arbeiterklasse.

Das imperialistische Lager wendet im Kampf gegen das Lager des Sozialismus und der Demokratie die verschiedenartigsten Methoden und Mittel an. Hier verbinden sich offene Androhung von Gewaltanwendung mit politischer Hochstapelei, Erpressung mit politischem und wirtschaftlichem Druck, mit Bestechung und Verleumdung.

»Und all das«, heißt es in der Deklaration der Informationsberatung von 9 kommunistischen Parteien, »wird hinter einer liberal-pazifistischen Maske verborgen, die dazu dienen soll, politisch unerfahrene Leute zu täuschen und in die Falle zu locken«.

Ein besonderer Platz im Arsenal der taktischen Mittel des Imperialismus wird der Ausnutzung der Verräterpolitik der rechten Sozialisten eingeräumt. Die rechten Sozialisten bieten in allen Ländern alle ihre Kräfte auf, um die Arbeiterklasse mit der bürgerlichen Ideologie zu infizieren. Sie sind bemüht, das wahre Wesen der imperialistischen Politik unter der Maske der Demokratie und der sozialistischen Phraseologie zu verbergen. Sie sind zuverlässige Gehilfen der Imperialisten, die Zersetzung in die Reihen der Arbeiterklasse tragen und ihr Bewusstsein vergiften.

Die Ideen Lenins und Stalins wappnen die kommunistischen Parteien aller Länder in ihrem Kampf für den Sieg des Sozialismus und der Demokratie in der ganzen Welt. Die kommunistischen Parteien, die den Widerstand der werktätigen Massen gegen die Pläne der imperialistischen Aggression auf der ganzen Linie, auch ideologisch, leiten, kämpfen energisch gegen die Bestrebungen der rechten Sozialisten, das Bewusstsein der Arbeiterklasse zu zersetzen, kämpfen für das Hineintragen des kommunistischen Bewusstseins in die breiten Massen der Werktätigen, die sich spontan zum Kampf gegen den Imperialismus hingezogen fühlen.

Lenins Kampf gegen den Opportunismus für die Partei neuen Typus

Durch den Kampf Lenins gegen die »Ökonomisten« wurde die Frage des Typus der damals in Russland im Aufbau befindlichen politischen Partei des Proletariats entschieden.

Lenin und Stalin stellten dem Proletariat die Aufgabe, erst den Zarismus und dann die Herrschaft der Gutsbesitzer und der Bourgeoisie zu stürzen. Sie errichteten eine revolutionäre Kampfpartei, die die Arbeitermassen führen und sie zum Kampf für die Befreiung vom kapitalistischen Joch organisieren sollte.

Die »Ökonomisten« traten jedoch dafür ein, dass die Arbeiterbewegung nicht gegen die Grundlagen des Kapitalismus, sondern auf der Linie der für den Kapitalismus »erfüllbaren« und »annehmbaren« Bedingungen kämpfen sollte. Deswegen wollten sie eine Partei haben, die hinter der spontanen Arbeiterbewegung hertrottete, keine Partei der sozialen Revolution, sondern eine Partei der sozialen Reform. Lenin bewies, dass die »Ökonomisten«, wie sie sich auch immer nannten und welche Tracht sie auch immer anlegen mochten, Reformisten und Verräter der Arbeiterklasse waren, Agenten der Bourgeoisie in der Arbeiterbewegung, die danach strebten, das Proletariat mit der bürgerlichen Ideologie zu infizieren.

> »Die Theorie der Spontaneität«, sagt Genosse Stalin (1924/1952) in seinem klassischen Werk »Über die Grundlagen des Leninismus«, »ist die Theorie der Herabminderung der Rolle des bewussten Elements in der Bewegung, die Ideologie der ›Nachtrabpolitik‹ (des ›Chwostismus‹), die logische Grundlage *jeder Art* von Opportunismus.
>
> Praktisch führte diese Theorie, die noch vor der ersten Revolution in Russland auf den Plan trat, dazu, dass ihre Anhänger, die sogenannten ›Ökonomisten‹, die Notwendigkeit einer selbständigen Arbeiterpartei in Russland leugneten, gegen den revolutionären Kampf der Arbeiterklasse zum Sturz des Zarismus auftraten, die

tradeunionistische Politik in der Bewegung predigten und überhaupt die Arbeiterbewegung der Hegemonie der liberalen Bourgeoisie auslieferten« (S.81).

Lenin entlarvte nicht nur das wahre Gesicht der »Ökonomisten«. Er zeigte, dass der »Ökonomismus« keine zufällige Erscheinung in Russland war, sondern eine der Abarten des Opportunismus, ebensolch ein Feind der Arbeiter wie seine Verbündeten in den westeuropäischen sozialdemokratischen Parteien, die Revisionisten.

»In der Tat«, schrieb Lenin (1902/1955), »es ist für niemand ein Geheimnis, dass in der heutigen internationalen[2] Sozialdemokratie zwei Richtungen entstanden sind,

---

[2]   [Lenin (1902/1955): Beiläufig bemerkt: In der Geschichte des modernen Sozialismus ist es wohl eine einzig dastehende und in ihrer Art außerordentlich tröstliche Erscheinung, dass der Streit der verschiedenen Richtungen innerhalb des Sozialismus zum ersten Mal aus einem nationalen zu einem internationalen geworden ist. In früheren Zeiten blieb der Streit zwischen den Lassalleanern und Eisenachern, zwischen den Guesdisten und Possibilisten, zwischen den Fabiern und Sozialdemokraten, zwischen den Narodowolzen und den Sozialdemokraten auf rein nationalen Rahmen beschränkt, spiegelte rein nationale Besonderheiten wider, spielte sich sozusagen auf verschiedenen Ebenen ab. Heute (jetzt ist das bereits deutlich zu erkennen) bilden die englischen Fabier, die französischen Ministerialisten, die deutschen Bernsteinianer und die russischen Kritiker eine einzige Familie, sie alle loben einander, lernen voneinander und ziehen gemeinsam gegen den ›dogmatischen‹ Marxismus zu Felde. Vielleicht wird die internationale revolutionäre Sozialdemokratie in diesem ersten wirklich internationalen Ringen mit dem sozialistischen Opportunismus genügend erstarken, um der schon seit langem in Europa herrschenden politischen Reaktion ein Ende zu bereiten? (S.361)].

zwischen denen der Kampf bald entbrennt und in hellen Flammen auflodert, bald erlischt und unter der Asche eindrucksvoller ›Waffenstillstands-Resolutionen‹ weiterglimmt« (S.361–362).

Diese Richtungen waren die zwei Flügel der Sozialdemokratie: der linke, revolutionär-marxistische und der rechte, opportunistische Flügel.

Der Marxismus kämpfte im ersten halben Jahrhundert seines Bestehens gegen alle die ihm von Grund aus feindlichen Theorien und vollendete im Wesentlichen seinen Sieg über alle anderen Ideologien der Arbeiterbewegung in den neunziger Jahren des vergangenen Jahrhunderts. Aber der Kampf ging weiter, es änderten sich nur seine Formen. Als die Ideen des Marxismus von Millionenmassen Besitz ergriffen hatten, begannen die ihm feindlichen Lehren, neue Wege zu suchen. Die Feinde des Marxismus begannen, sich mit marxistischen Gewändern zu drapieren, um leichter gegen den wissenschaftlichen Sozialismus kämpfen zu können. Das zweite halbe Jahrhundert seit der Entstehung der Lehre von Marx und Engels (seit den neunziger Jahren des 19. Jahrhunderts) begann mit dem Kampf der dem Marxismus feindlichen Strömungen innerhalb des Marxismus.

Der deutsche Sozialdemokrat Eduard Bernstein verkündete eine neue, die sogenannte »kritische« Richtung im Sozialismus. Er trat mit einer Revision, einer Überprüfung der grundlegenden Leitsätze von Marx und Engels, mit zahlreichen »Korrekturen« hervor, die das Ziel hatten, den Marxismus seines revolutionären Inhalts zu berauben. Es wurde die Möglichkeit geleugnet, die Unvermeidlichkeit des Zusammenbruchs des Kapitalismus und des Sieges des Sozialismus wissenschaftlich zu begründen. Das Anwachsen des Elends und der Proletarisierung der Massen wurde »widerlegt«, die Unvermeidlichkeit der Krisen im Kapitalismus bestritten.

Die Theorie des Zusammenbruchs und der Begriff des »Endziels«, des Kampfes für den Kommunismus selbst, wurden als »unhaltbar« erklärt. Die marxistische Theorie vom Klassenkampf wurde einer Revision unterzogen und die Idee der Diktatur des Proletariats bedingungslos verworfen. Alle diese »neuen« Argumente brauchte Bernstein, wie Lenin aufzeigte, dazu, um die Schlussfolgerung »zu begründen«, nämlich, dass die Sozialdemokratie aus einer Partei der sozialen Revolution zu einer Partei der sozialen Reformen werden müsse.

Ein Musterstück des praktischen Bernsteinianertums lieferte der französische Sozialist Millerand, der in eine reaktionäre bürgerliche Regierung eintrat. Und in der Tat, sagte Lenin aus diesem Anlass, wenn die Sozialdemokratie eine Partei der sozialen Reformen ist, dann hat der Sozialist nicht nur das gute Recht dazu, sondern er muss sogar danach streben, in ein bürgerliches Kabinett einzutreten.

Lenin deckte die Klassenwurzeln des Revisionismus auf und bewies, dass er eine internationale Erscheinung ist, denn seine soziale Basis ist das Kleinbürgertum, dessen breite Schichten in jedem kapitalistischen Land neben den Proletariern stehen.

So gewann also der Opportunismus, der nach dem Tode von Engels zur herrschenden Richtung in der II. Internationale wurde, seine Form in der internationalen sozialdemokratischen Bewegung als Bernsteinianertum.

Um die Jahrhundertwende, zu Ende des 19. und Beginn des 20. Jahrhunderts, wuchs der Kapitalismus in sein höchstes und letztes Stadium, in den Imperialismus, hinüber. Im Imperialismus verschärfen sich alle Widersprüche der bürgerlichen Gesellschaft in unerhörtem Maße, und Unterdrückung und Ausbeutung der Volksmassen erreichen die äußerste Grenze.

Der sozialdemokratische Opportunismus macht gerade im Imperialismus eine besondere Entwicklung durch. Die sozialdemokratischen Parteien, die als Massenparteien der Arbeiterbewegung entstanden waren, schritten immer weiter auf dem Weg der opportunistischen Entartung. Dies kann man besonders anschaulich am Beispiel der deutschen Sozialdemokratie verfolgen, die vor dem Ersten Weltkrieg als Musterpartei der II. Internationale galt.

In dieser Partei gab es drei Strömungen. Der rechte Flügel, an dessen Spitze Bernstein, Vollmar und andere standen, befand sich vollkommen auf den Positionen des Revisionismus, verwarf den Kampf für die Diktatur des Proletariats, predigte den »Burgfrieden« und das »friedliche Hineinwachsen des Kapitalismus in den Sozialismus« und verteidigte somit kleinbürgerliche Interessen. Der linke Flügel, an dessen Spitze Rosa Luxemburg und Karl Liebknecht standen, kämpfte gegen die Rechten und vertrat, wenn auch nicht ganz konsequent, die proletarischen Interessen.

Die dritte Richtung war der Zentrismus, an dessen Spitze Kautsky stand. Zentrismus, lehrt Genosse Stalin (1928/1954), ist kein räumlicher Begriff, etwa so: an einer Stelle sitzen die Rechten, an einer anderen die ›Linken‹ und in der Mitte die Zentristen.

> »Zentrismus ist ein politischer Begriff. Seine Ideologie ist die Ideologie der Anpassung, die Ideologie der Unterordnung der proletarischen Interessen unter die Interessen der Kleinbourgeoisie *innerhalb einer gemeinsamen Partei*« (S.250).

Das Kautskyanertum, der Zentrismus, ist die Anerkennung des Marxismus in Worten und der Verrat an ihm in der Tat. Die Anerkennung des Marxismus in Worten half den Zentristen, die Linken in der Partei zu halten. Mit dem Verrat des Marxismus in der Praxis hielten die Zentristen die Rechten in der Partei. Die ganze Politik des Zentrismus lief darauf hinaus,

> »den Opportunismus der Rechten mit linken Phrasen
> zu verbrämen und die Linken den Rechten unterzuord-
> nen« (S. 250).

Deswegen wurde in der Praxis die Politik der Rechten durchgeführt. Deswegen herrschte in der Ideologie der Partei die Theorie der Spontaneität, allerdings in einer etwas anderen Form als bei den russischen »Ökonomisten«, nämlich die sogenannte Theorie der »Produktivkräfte«, die, nach einem Ausdruck des Genossen Stalin, »alles rechtfertigt und alle versöhnt«. Deswegen war die deutsche Sozialdemokratie in der Praxis nicht die kämpferische Avantgarde des Proletariats, die die Arbeiter zum Kampf um die Macht führt, sondern »ein Wahlapparat, der den Parlamentswahlen…angepasst ist«. Selbstkritik wurde in ihr unterdrückt, brennende Fragen wurden sorgfältig mit Schweigen umgangen und die Fehler verkleistert.

Lenin bewies, dass sich die russischen »Ökonomisten« in nichts unterschieden von der »kritischen« Richtung im Sozialismus, den Bernsteinianern, deren Linie die »Ökonomisten« in der russischen Arbeiterbewegung durchzuführen bestrebt waren. Es genügt, an das »Credo« zu erinnern, an dieses Manifest, das so traurige Berühmtheit erlangte, das im Jahre 1899 von einer Gruppe von »Ökonomisten« herausgegeben wurde und das durch den »Protest der russischen Sozialdemokraten«, den Lenin in der Verbannung schrieb, aufs schärfste entlarvt wurde. Die Verfasser des Manifests (Prokopowitsch, Kuskowa und andere) schrieben anlässlich der Angriffe, die Bernstein gegen die Grundlagen des Marxismus unternahm, dass der revolutionäre Marxismus, der »eine zu schematische Vorstellung von der Klassenteilung der Gesellschaft hat«, dem »demokratischen Marxismus« Platz machen würde. Wie wir sehen, ist also der »demokratische Sozialismus« der heutigen rechten Sozialisten keineswegs deren Entdeckung. Das ist nur ein Nachbeten des »demokratischen Marxismus« Bernsteins und seiner russischen Gefährten, der »Ökonomisten«.

Lenin entlarvte das Wesen der von den »Ökonomisten« vertretenen Losung der »Freiheit der Kritik« vollständig. Er zeigte, dass diese Losung nur den Zweck hat, die bürgerliche Kritik der Opportunisten an allen grundlegenden Ideen des Marxismus zu bemänteln. Es ist allgemein bekannt, dass die heutigen rechten Sozialisten, alle diese Attlee, Bevin, Renner und übrigen Lakaien der imperialistischen Bourgeoisie, ebenfalls unter dem Deckmantel der »Freiheit der Kritik« einen erbitterten Kampf gegen den Marxismus führen.

Lenin zeigte mit aller Schärfe auf, dass diese Losung revisionistisch, eine Losung des rechten Flügels der internationalen Sozialdemokratie ist, die nur die Forderung nach Freiheit der Revision des Marxismus und Einschmuggeln des Opportunismus in die Arbeiterbewegung bedeutet, Freiheit, die Sozialdemokratie in eine Reformpartei zu verwandeln, bürgerliche Ideen in den Sozialismus hineinzutragen. Lenin zeigte auf, dass man die Menschen nicht nach dem effektvollen Namen, den sie sich selber beigelegt haben, beurteilen soll, sondern nach ihren Taten, nach dem Inhalt ihrer Propaganda. Und wenn man von diesem Standpunkt aus herangeht, sagte Lenin, dann wird völlig klar, dass die »Freiheit der Kritik« nichts als die Freiheit der opportunistischen Richtung in der Sozialdemokratie ist.

Noch heute, 47 Jahre nach der Niederschrift, kann man nicht ohne Bewegung die hinreißenden Worte Lenins (1902/1955) lesen, die voller Sarkasmus und beißendem Zorn gegen die russischen »Kritiker« des Marxismus sind.

»Wir schreiten als eng geschlossenes Häuflein, uns fest an den Händen haltend, auf steilem und mühevollem

Wege dahin. Wir sind von allen Seiten von Feinden umgeben und müssen fast stets unter ihrem Feuer marschieren. Wir haben uns, nach frei gefasstem Beschluss, eben zu dem Zweck zusammengetan, um gegen die Feinde zu kämpfen und nicht in den benachbarten Sumpf zu geraten, dessen Bewohner uns von Anfang an dafür schalten, dass wir uns zu einer besonderen Gruppe vereinigt und den Weg des Kampfes und nicht den der Versöhnung gewählt haben. Und nun beginnen einige von uns zu rufen: Gehen wir in diesen Sumpf! Will man ihnen ins Gewissen reden, so erwidern sie: Was seid ihr doch für rückständige Leute! und ihr schämt euch nicht, uns das freie Recht abzusprechen, euch auf einen besseren Weg zu rufen! – O ja, meine Herren, ihr habt die Freiheit, nicht nur zu rufen, sondern auch zu gehen, wohin ihr wollt, selbst in den Sumpf; wir sind sogar der Meinung, dass euer wahrer Platz gerade im Sumpf ist, und wir sind bereit, euch nach Kräften bei *eurer* Übersiedlung dorthin zu helfen. Aber lasst unsere Hände los, klammert euch nicht an uns und besudelt nicht das große Wort Freiheit, denn wir haben ja ebenfalls die »Freiheit«, zu gehen, wohin wir wollen, die Freiheit, nicht nur gegen den Sumpf zu kämpfen, sondern auch gegen diejenigen, die sich dem Sumpfe zuwenden!« (S.364–365).

Der Kampf Lenins und Stalins gegen die »Ökonomisten« war ein Kampf sowohl gegen den Sumpf als auch gegen diejenigen, die sich dem Sumpfe zuwandten. Es war ein Kampf gegen den Opportunismus auf der russischen wie auch auf der internationalen Arena. Lenin und Stalin versetzten dem Opportunismus nicht nur einen vernichtenden Schlag, stellten nicht nur den revolutionären Inhalt des Marxismus wieder her, sondern entwickelten ihn weiter und bereicherten ihn mit neuen Schlussfolgerungen und Grundsätzen, sie hoben den Marxismus in einer neuen historischen Situation auf eine neue Höhe. Der Leninismus ist der Marxismus der Epoche des Imperialismus und der proletarischen Revolution, der Marxismus der Epoche des Sozialismus auf einem Sechstel der Erde.

Lenin und Stalin lehren, dass die proletarische Partei sich stärkt, indem sie sich von den Opportunisten säubert. Und die Partei stärkte und stählte sich im Ganzen Verlauf ihrer Geschichte im prinzipiellen Kampf gegen die kleinbürgerlichen Parteien innerhalb der Arbeiterbewegung, innerhalb der Partei aber gegen die menschewistischen und opportunistischen Strömungen, gegen die Trotzkisten, Bucharinleute, gegen die Abweichler in der nationalen Frage sowie gegen die übrigen antileninistischen Gruppen, die zu einer weißgardistischen Bande von Mördern und Spionen entarteten. Bei der bolschewistischen Partei lernen die kommunistischen Parteien aller Länder, wie man die revolutionäre Theorie reinhalten muss.

Lenin bewies, dass die »Ökonomisten« in Russland eine Partei in der Art und nach dem Vorbild der alten sozialdemokratischen Parteien haben wollten, die im opportunistischen Sumpf versunken sind, dass die »Ökonomisten« vor den westeuropäischen »Vorbildern« katzbuckelten und in Ehrfurcht erstarrten.

Lenin und Stalin, unsere Führer und Lehrer, haben eine andere Partei aufgebaut und erzogen. Sie errichteten die Partei neuen Typus, eine Partei, die die Avantgarde des Proletariats bildet, nicht aber einen Block zur Vertretung der proletarischen und kleinbürgerlichen Interessen, ein Anhängsel oder einen Bedienungsapparat der Parlamentsfraktion. Lenin und Stalin bauten eine revolutionäre Kampfpartei auf, die fähig war, die Arbeitermassen in der Periode der offenen Klassenzusammenstöße und der revolutionären Aktionen des Proletariats zu führen, in der Periode der proletarischen Revolution, der direkten Vorbereitung der Kräfte auf den Sturz des Imperialismus und auf die Machtergreifung durch das Proletariat. Lenin und Stalin bauten eine solche Partei auf, die die Arbeiterbewegung mit dem Sozialismus vereinigen und die Verkörperung der Einheit zwischen der revolutionären Theorie und der revolutionären Praxis sein sollte. Sie errichteten eine solche Partei, die ruhmreiche Partei der Bolschewiki, die die Werktätigen des Landes zu welthistorischen Siegen führte, eine Partei, deren gigantische Erfahrung die Kommunisten der ganzen Welt im Kampf für die Vernichtung des imperialistischen Jochs wappnet.

Lenin über die organisatorischen Aufgaben und den Plan des Aufbaus einer marxistischen Partei

Nachdem Lenin die ideologischen Grundlagen ausgearbeitet und die politischen Aufgaben der Partei neuen Typus umrissen hatte, legte er die organisatorischen Aufgaben und den Plan des Aufbaus dieser Partei fest.

Lenin bewies, dass die Anbetung der Spontaneität durch die »Ökonomisten« dazu führt, dass sie nicht nur die politischen, sondern auch die organisatorischen Aufgaben der Partei äußerst beschränkt auffassen. Und das ist, wie Lenin aufzeigt, kein Zufall:

> »Der Charakter der Organisation einer jeden Institution wird natürlich und unvermeidlich durch den Inhalt der Tätigkeit dieser Institution bestimmt« (S.456).

Die Beschränkung der sozialdemokratischen Tätigkeit auf den Rahmen des wirtschaftlichen Kampfes allein führte unvermeidlich auch zur Beschränktheit der organisatorischen Arbeit. Die »Ökonomisten«, die auch auf organisatorischem

Gebiet die Spontaneität verherrlichten, kämpften nicht nur nicht gegen die Handwerklerei und die Zersplitterung, die damals in der Partei herrschten, sondern versuchten sogar, die Handwerklerei theoretisch »zu begründen«. Deswegen, sagte Lenin, kann man sich von der Handwerklerei, durch die das Ansehen des russischen Revolutionärs herabgesetzt wurde, nur freimachen, wenn man sich vom »Ökonomismus« überhaupt freigemacht hat.

Die »Ökonomisten«, die sowohl in organisatorischen als auch in politischen Fragen ständig von der sozialdemokratischen Linie abwichen und in Tradeunionismus verfielen, setzten den Begriff »Organisation der Revolutionäre« dem Begriff »Organisation der Arbeiter« gleich. Aber diese Organisationen sind durchaus nicht gleichbedeutend. Da der politische Kampf der Sozialdemokratie bei weitem umfassender und komplizierter ist als der wirtschaftliche Kampf der Arbeiter, muss auch die Organisation der politischen Partei des Proletariats anderer Art sein als die Organisation der Arbeiter für den wirtschaftlichen Kampf.

Die Organisation der Arbeiter muss eine gewerkschaftliche sein, sie muss möglichst umfassend und möglichst wenig konspirativ sein. Im Gegensatz dazu muss die Organisation der Revolutionäre, die sowohl Arbeiter als auch Intellektuelle umfasst, aus Leuten bestehen, deren Beruf die revolutionäre Tätigkeit ist. Diese Organisation darf nicht sehr umfassend, sie muss vielmehr möglichst konspirativ und gleichzeitig mit den Arbeiterorganisationen eng verbunden sein.

»Und nun behaupte ich«, sagte Lenin bei der Formulierung seiner organisatorischen Forderungen, »1. [k]eine einzige revolutionäre Bewegung kann ohne eine stabile und die Kontinuität wahrende Führerorganisation Bestand haben; 2. je breiter die Masse ist, die spontan in den Kampf hineingezogen wird, die die Grundlage der

Bewegung bildet und an ihr teilnimmt, umso dringender ist die Notwendigkeit einer solchen Organisation und umso fester muss diese Organisation sein (denn umso leichter wird es für allerhand Demagogen sein, die unentwickelten Schichten der Masse mitzureißen); 3. eine solche Organisation muss hauptsächlich aus Leuten bestehen, die sich berufsmäßig mit revolutionärer Tätigkeit befassen; 4. je mehr wir die Mitgliedschaft einer solchen Organisation *einengen,* und zwar so weit, dass sich an der Organisation nur diejenigen Mitglieder beteiligen, die sich berufsmäßig mit revolutionärer Tätigkeit befassen und in der Kunst des Kampfes gegen die politische Polizei berufsmäßig geschult sind, umso schwieriger wird es in einem autokratischen Lande sein, eine solche Organisation ›zu schnappen‹, und 5. umso *breiter* wird der Kreis der Personen aus der Arbeiterklasse und aus den übrigen Gesellschaftsklassen sein, die die Möglichkeit haben werden, an der Bewegung teilzunehmen und sich in ihr aktiv zu betätigen« (S.480–481).

Die Grundlage des Parteiaufbaus müssen die Fabrikzirkel sein. Jede Fabrik, sagte Lenin, muss zu einer Festung der Partei werden.

Im »Kurzen Lehrgang der Geschichte der KPdSU(B)« (1938/1955) heißt es: Lenin war der Auffassung, dass

»die Partei aus zwei Teilen bestehen muss: a) aus einem engen Kreise ständiger leitender Kaderarbeiter, dem hauptsächlich Berufsrevolutionäre angehören sollen, das heißt Parteiarbeiter, die von allen anderen Arbeiten, außer der Parteiarbeit, befreit sind, die über das nötige Mindestmaß theoretischer Kenntnisse, politischer Erfahrung, organisatorischer Fertigkeiten und über ein Mindestmaß der Kunst verfügen, den Kampf gegen die zaristische Polizei zu führen, der Kunst, sich vor der Polizei zu verbergen, und b) aus einem weitverzweigten Netz von Peripherie-Parteiorganisationen, aus einer zahlreichen Masse von Parteimitgliedern, die von der Sympathie Hunderttausender von Werktätigen umgeben sind und von ihnen unterstützt werden« (S.43–44).

Eine solche Organisation stärkt, wie Lenin aufzeigte, den Glauben an die Kraft der Partei, sie bringt sie nicht vom richtigen Wege ab, denn sie beruht auf einer festen theoretischen Grundlage, sie wird die Arbeiter auf das Niveau von Revolutionären emporheben und nicht an die rückständigen Schichten der Arbeiterklasse anpassen.

Auf Grund der Tatsache, dass Lenin die Aufgabe der Schaffung einer zentralisierten konspirativen Partei stellte, beschuldigten die »Ökonomisten« Lenin und die Leninisten der Volkstümlerei, des Antidemokratismus, der Herabsetzung der Rolle der örtlichen Organisationen, des Herabdrückens der Aktivität der Arbeitermasse.

Lenin (1902/1955) entlarvte das demagogische, opportunistische Wesen aller dieser Beschuldigungen und zeigte, dass keine revolutionäre Richtung, falls sie wirklich an einen ernsthaften Kampf denkt, ohne zentralisierte konspirative Organisation auskommen kann. Der Fehler der Volkstümler bestand durchaus nicht darin, dass sie eine solche Organisation aufbauen wollten und vertraten, sondern darin, dass sie auf einer nichtrevolutionären Theorie fußten, dass sie es nicht vermochten oder es nicht verstanden, ihre Bewegung unlösbar mit dem Klassenkampf in der sich entwickelnden kapitalistischen Gesellschaft zu verknüpfen. Lenin unterstrich, dass gerade die »Ökonomisten« ideologisch eng mit der Volkstümlerrichtung verbunden waren.

»Die Ökonomisten und die heutigen Terroristen haben

eine gemeinsame Wurzel: das ist eben jene Anbetung der Spontaneität« (S.431). Sowohl die einen als auch die anderen »sind Anbeter verschiedener Pole der spontanen Richtung: die Ökonomisten – der Spontaneität der ›reinen Arbeiterbewegung‹, die Terroristen – der Spontaneität der leidenschaftlichsten Empörung der Intellektuellen, die es nicht verstehen oder nicht die Möglichkeit haben, die revolutionäre Arbeit mit der Arbeiterbewegung zu einem Ganzen zu verbinden« (S.432).

Sowohl in dem einen als auch in dem anderen Fall ist die Anbetung der Spontaneität der Ausdruck eines rein bürgerlichen Programms, das Lenin auf folgende Weise entlarvt:

»Die Arbeiter führen ihren ›ökonomischen Kampf gegen die Unternehmer und gegen die Regierung‹...die Intellektuellen aber führen den politischen Kampf aus eigenen Kräften, natürlich mit Hilfe des Terrors!« (S.432).

Lenin zeigte, dass die Partei unter den Verhältnissen des Zarismus kein breites demokratisches Prinzip verwirklichen konnte, denn sie hatte nicht die Möglichkeit, in ihrer Arbeit die Öffentlichkeit auszunutzen und sich auf Grund der Wählbarkeit von unten aufzubauen. Schon allein die Fragestellung des »breiten demokratischen Prinzips« unter dem absolutistischen Polizeiregime ist »eine leere und schädliche Spielerei«. Erst nach Vernichtung der Selbstherrschaft, wenn die Partei aus der Illegalität hervortritt und legal wird, erst dann kann sie auf der Grundlage des demokratischen Zentralismus aufgebaut werden.

Bei der Untersuchung der Frage der Wechselbeziehungen zwischen der örtlichen und der gesamtrussischen Arbeit betonte Lenin, dass die sozialdemokratische Bewegung in Russland gerade darunter litt, dass die örtlichen Funktionäre zu sehr von der lokalen Arbeit in Anspruch genommen waren. An Hand von Beispielen aus der Tätigkeit der örtlichen sozialdemokratischen Zeitungen, aus dem Stand der politischen Agitation und des wirtschaftlichen Kampfes zeigt Lenin, dass die Verlagerung des Schwerpunkts von der örtlichen auf die gesamtrussische Arbeit die Festigkeit der Verbindungen der zentralen Organisation mit den örtlichen Organisationen und die Wirksamkeit der Agitation nicht schwächen, sondern stärken wird.

Die Zentralisation der konspirativen Funktionen in Händen von Berufsrevolutionären, sagte Lenin, bedeutet keineswegs, dass die Berufsrevolutionäre »für alle denken« werden, dass die Massen nicht an der Bewegung tätigen Anteil nehmen werden. Im Gegenteil, die Berufsrevolutionäre werden in immer größerer Zahl aus den Massen hervorgehen, und die aktive Teilnahme der Massen an der Bewegung wird sich nicht verringern, sondern unermesslich verstärken. Und wirklich, zu Beginn des 20. Jahrhunderts betraten Dutzende und Hunderte von fortschrittlichen Arbeitern, die im revolutionären Kampf gestählt und mit den Massen eng verbunden waren, den Kampfplatz der revolutionären Arbeit. sie trugen die Ideen des wissenschaftlichen Kommunismus in die Massen und erweckten das Klassenbewusstsein der Werktätigen.

Über diese Menschen schrieb Lenin (1910/1962) Ende des Jahres 1910:

> »Es sind Menschen, die sich nicht ein und nicht zwei, sondern volle 10 Jahre vor der Revolution voll und ganz dem Kampf für die Befreiung der Arbeiterklasse widmeten. Das sind Menschen, die sich nicht in nutzlosen terroristischen Unternehmungen einzelner verzettelten, sondern die hartnäckig und unermüdlich unter den proletarischen Massen wirkten und halfen, *ihr* Klassenbewusstsein, *ihre* Organisation, *ihre* revolutionäre Initia-

tive zu entwickeln. Das sind Menschen, die sich an die Spitze des bewaffneten Massenkampfes gegen die zaristische Selbstherrschaft stellten, als die Krise begann, als die Revolution ausbrach, als Millionen und aber Millionen in Bewegung gerieten. Alles, was der zaristischen Selbstherrschaft abgerungen worden war, wurde ihr *ausschließlich* durch den Kampf der Massen abgerungen, die von solchen Menschen[4]…geführt wurden« (S.370).

Diese Menschen entwickelten in der Arbeiterklasse wertvolle Eigenschaften der proletarischen Moral, die Lenin für den erfolgreichen Kampf zum Sturz des Kapitalismus und zur Schaffung einer neuen, sozialistischen Gesellschaft für unbedingt notwendig hielt. Die Erziehung zu diesen hohen moralischen Eigenschaften wie: Ehrlichkeit gegenüber seiner Klasse, Tapferkeit, Selbstlosigkeit und Furchtlosigkeit im Kampf, hohes ideologisches Niveau, Liebe zum Volk, Organisiertheit und Diszipliniertheit, Eigenschaften, die früher nur den fortschrittlichen Schichten der Arbeiter zu eigen waren, nahm nach dem Sieg der sozialistischen Revolution breitesten Umfang an. Im Prozess des Aufbaus des Sozialismus hat die bolschewistische Partei gewaltige Erfolge bei der kommunistischen Erziehung der Massen erzielt: Es wurde das neue geistige Antlitz der Sowjetmenschen geschaffen, die für die Interessen des Sowjetvolkes leben und das Wohl des Sowjetstaats, der sozialistischen Heimat, über alles stellen.

* * *

Gleichzeitig mit der Begründung der politischen und organisatorischen Aufgaben der Partei neuen Typus, die berufen war, die Arbeiterklasse und alle Werktätigen zum Sturz des Zarismus, zur siegreichen sozialistischen Revolution zu führen, arbeitete Lenin einen tief durchdachten Plan des Aufbaus dieser Partei aus.

Der Aufbau der marxistischen Partei sollte mit der Schaffung einer gesamtrussischen politischen Kampfzeitung beginnen, die dazu bestimmt war, Tribüne für politische Enthüllungen zu werden, die Anschauungen der revolutionären Sozialdemokratie durch Propaganda und Agitation zu verbreiten, starke politische Organisationen heranzuziehen und die Partei ideologisch zusammenzuschweißen. Eine solche Zeitung würde, wie Lenin schrieb, zu einem Teil des gewaltigen Blasebalgs werden, der jeden Funken des Klassenkampfes und der Volksempörung zu einem allgemeinen Brand anfachte.

Lenin unterstrich, dass die gesamtrussische Zeitung nicht nur ein kollektiver Propagandist und Agitator, sondern auch ein kollektiver Organisator, ein Mittel zur Vereinigung der zersplitterten örtlichen Organisationen zu einer einheitlichen Partei werden sollte. Lenin verglich die Zeitung mit einem Gerüst, das um ein im Bau befindliches Gebäude errichtet wird, das die Umrisse des Gebäudes anzeigt und den Bauarbeitern hilft, die durch die organisierte Arbeit gemeinsam erzielten Fortschritte zu überblicken. Die Zeitung sollte alle Kräfte der Revolutionäre zur Führung des einheitlichen Kampfes für den Sturz der Selbstherrschaft um sich sammeln und organisieren. Sie war berufen, ein Mittel zur Schaffung und Festigung der faktischen Verbindung zwischen den zersplitterten örtlichen Komitees zu sein, einer Verbindung, die schon allein durch die Verbreitung der Zeitung geschaffen wurde. Ihre Aufgabe war es, alle Bemühungen darauf zu richten, »ein ständiges Heer der Revolution zu sammeln, zu organisieren und zu mobilisieren«. Das Netz der Vertrauensleute und Korrespondenten dieser Zeitung, die die Vertreter der örtlichen Organisationen waren, sollte als Gerüst dienen, um das sich die ganze Partei organisatorisch zusammenschloss.

Das Leben hat die Richtigkeit und die ganze Tiefe der

von Lenin aufgeworfenen Frage der Herausgabe einer gesamtrussischen politischen Zeitung, die den ideologischen und organisatorischen Zusammenschluss der Partei vorbereiten sollte, bestätigt. Zu solch einer Zeitung wurde die Leninsche »Iskra«, die seit Dezember des Jahres 1900 erschien. Ein treuer Helfer der »Iskra« war Stalins Zeitung »Brdsola [Der Kampf]«, die nach der »Iskra« beste marxistische Zeitung in Russland.

Die Schaffung einer gesamtrussischen politischen Zeitung sah Lenin als das Hauptglied und die Hauptaufgabe in der Kette der Glieder und der Aufgaben an, die damals vor der Partei standen. Ausgerüstet mit dem gewaltigen theoretischen Reichtum, der in dem Buch »Was tun?« enthalten ist, entfaltete die »Iskra« eine umfassende Kampagne für den Leninschen Plan des Aufbaus der Partei, für die Sammlung ihrer Kräfte, für die Einberufung des II. Parteitags, für die revolutionäre Sozialdemokratie, gegen die »Ökonomisten«, gegen alle möglichen Opportunisten. Die Leninsche »Iskra« zerschlug ideologisch die »Ökonomisten« und arbeitete den Entwurf des Programms der Partei aus.

»Somit hatten der Sieg der Leninschen Prinzipien und der erfolgreiche Kampf der ›Iskra‹ für den Leninschen Organisationsplan«, heißt es im »Kurzen Lehrgang der Geschichte der KPdSU(B)« (1938/1955), »alle grundlegenden Bedingungen vorbereitet, die notwendig waren, um eine Partei zu schaffen oder – wie man damals sagte – eine wirkliche Partei zu schaffen« (S.51).

Die historische Bedeutung
des Buches W.I. Lenins »Was tun?«

Das Buch W.I. Lenins »Was tun?« bedeutete die vollständige ideologische Zertrümmerung der »Ökonomisten«, die Zertrümmerung der Ideologie des Opportunismus, der Nachtrabpolitik.

> »Gerade jetzt«, schrieb Lenin (1902/1955), »kann der russische Revolutionär, geleitet von einer wahrhaft revolutionären Theorie und gestützt auf eine wahrhaft revolutionäre und spontan erwachende Klasse, sich endlich – endlich! – in seiner ganzen Größe aufrichten und seine reckenhaften Kräfte entfalten. Dazu ist es nur notwendig, dass jeder Versuch, unsere politischen Aufgaben und den Umfang unserer Organisationsarbeit herabzudrücken,…auf Hohn und Verachtung stößt. Und das werden wir erreichen, des seid gewiss, meine Herren!« (S.463–464).

Und wirklich, ein Jahr nach Erscheinen des hervorragenden Leninschen Werkes war von den ideologischen Positionen des »Ökonomismus« nur eine unangenehme Erinnerung übriggeblieben, und die Bezeichnung »Ökonomist« wurde von den meisten Parteiarbeitern als Beleidigung aufgefasst.

Die historische Bedeutung des Werkes »Was tun?« wird mit außerordentlicher Tiefe und Klarheit im »Kurzen Lehrgang der Geschichte der KPdSU(B)« dargelegt.

Die gewaltige Bedeutung des Leninschen Werkes besteht erstens darin, dass Lenin in ihm als erster in der Geschichte des marxistischen Denkens die ideologischen Quellen des Opportunismus bis auf den Grund bloßlegte, indem er aufzeigte, dass sie vor allem in der Anbetung der Spontaneität der Arbeiterbewegung und in der Herabminderung der Rolle des sozialistischen Bewusstseins in der Arbeiterbewegung bestehen.

Zweitens hat Lenin in ihm die Bedeutung der Theorie, der Bewusstheit der Partei als der revolutionierenden und führenden Kraft der spontanen Arbeiterbewegung, in ihrer ganzen Größe aufgezeigt.

Drittens hat Lenin in diesem Werk in glänzender Weise den grundlegenden Leitsatz des Marxismus, dass die sozialdemokratische Partei die Vereinigung der Arbeiterbewegung mit dem Sozialismus ist, begründet und den Platz der revolutionären Partei im Klassenkampf des Proletariats bestimmt.

In dem Buch »Was tun?« hat Lenin die ideologischen Grundlagen der marxistischen Partei in genialer Weise herausgearbeitet. Die theoretischen Leitsätze, die in diesem Werk entwickelt werden, wurden in der Folge der Ideologie der bolschewistischen Partei zugrunde gelegt.

Die Arbeit W.I. Lenins gibt ein unübertroffenes Beispiel für kämpferische Parteilichkeit, für prinzipienfeste bolschewistische Kritik an vorhandenen Mängeln, für kompromisslose Unversöhnlichkeit bei der Entlarvung der Opportunisten. In ihr werden die Versuche der »Ökonomisten«, den Revisionismus der westeuropäischen Parteien sklavisch zu übernehmen, schonungslos entlarvt. Diese Arbeit beleuchtete wie der Strahl eines Scheinwerfers die Aufgaben, die vor der Arbeiterklasse Russlands und ihrer marxistischen Partei standen.

Aus den Werken Lenins und Stalins, die der Herausarbeitung der ideologischen Grundlagen der bolschewistischen Partei gewidmet sind, schöpfen die kommunistischen und Arbeiterparteien aller Länder einen gewaltigen ideologischen Reichtum, der ihnen die Waffen gibt für ihren Kampf gegen den Imperialismus, für Sozialismus und Demokratie.

Die Erfahrung der Partei Lenins und Stalins lehrt die

kommunistischen und Arbeiterparteien, sich als höchste Form der Klassenvereinigung des Proletariats zu betrachten, als eine Form, die durch keine andere Organisation ersetzt werden kann, die die führende Kraft im Lande sein muss und sich nicht in der allgemeindemokratischen Bewegung auflösen darf. Die Erfahrung der bolschewistischen Partei lehrt die Kommunisten aller Länder, die revolutionäre Theorie, die unlösbar mit der revolutionären Praxis verbunden ist, zu meistern und ihre Reihen von opportunistischen Elementen zu säubern. Diese Erfahrung lehrt sie, dass jeder Schritt und jede Aktion der Partei zur Revolutionierung der Massen geführt haben. Die Erfahrung der KPdSU(B) lehrt alle kommunistischen und Arbeiterparteien, ihre Fehler nicht zu verbergen, keine Kritik zu fürchten, sondern es zu verstehen, an Hand der Aufdeckung ihrer eigenen Fehler ihre Kader zu erziehen.

Gerade deswegen, weil sich die Kommunistische Partei der Sowjetunion (Bolschewiki) in ihrer ganzen Tätigkeit unentwegt von der fortschrittlichen Lehre der Gegenwart, dem Marxismus-Leninismus, leiten lässt, führt sie das Sowjetvolk von einem Sieg zum anderen. In unserer Zeit kann man nur dann ein wahrhafter proletarischer Revolutionär sein, wenn man die KPdSU(B) und die UdSSR bedingungslos verteidigt und unterstützt, wenn man seine Tätigkeit auf der Lehre des Marxismus-Leninismus aufbaut und von der Erfahrung der bolschewistischen Partei als der führenden Kraft der kommunistischen Einheitsfront ausgeht. Nur so ist es heute möglich, die wichtigsten Fragen der internationalen kommunistischen Bewegung richtig zu entscheiden.

*　*　*

Lenin und Stalin haben das Banner der revolutionären Theorie auf eine gewaltige Höhe gehoben. In ihrer gesamten vielseitigen Tätigkeit ließ sich und lässt sich die KPdSU(B), ausgehend von den Weisungen Lenins und Stalins, immer und in allem von der revolutionären Lehre des Proletariats, dem wissenschaftlichen Sozialismus, leiten, wobei sie ihn ununterbrochen weiterentwickelt und mit neuen Kenntnissen und Schlussfolgerungen bereichert.

Lenin und Stalin lehren, dass jedes Land seine Besonderheiten auf dem Weg seiner Entwicklung zum Sozialismus haben wird. Dabei wird die Politik der kommunistischen Parteien der Länder der Volksdemokratie durch die Gesetze der Übergangsperiode vom Kapitalismus zum Sozialismus bestimmt, die von Lenin und Stalin, auf Grund der Verallgemeinerung der Praxis des sozialistischen Aufbaus in der UdSSR, entdeckt worden sind. Der Übergang vom Kapitalismus zum Sozialismus kann sich in den Ländern der Volksdemokratie nur mit Hilfe der UdSSR und in enger Freundschaft mit ihr vollziehen. Die geschlossene Einheitsfront der kommunistischen und Arbeiterparteien, die Einheitsfront der Länder der Volksdemokratie mit der Sowjetunion sind die wichtigsten Voraussetzungen für den erfolgreichen Kampf gegen den Imperialismus, gegen die Brandstifter eines neuen Krieges, für die Volksdemokratie, für einen festen Frieden. Die jugoslawischen Nationalisten, die der antiimperialistischen Einheitsfront den Rücken gekehrt haben, führen damit ihr Land in das Lager der Feinde der Werktätigen, auf den Weg der Abhängigkeit vom Imperialismus.

Die Lehre des Marxismus-Leninismus hat ihre große historische Prüfung bestanden als eine Lehre, die die Welt richtig erklärt und die Möglichkeit gibt, das Leben im Interesse der Werktätigen umzugestalten. Die Partei der Bolschewiki, die sich von dieser Lehre leiten lässt und sie schöpferisch weiterentwickelt, hat, mit Lenin und Stalin an der Spitze, den Sieg der sozialistischen Revolution in Russland vorbereitet und organisiert, sie hat den jungen Sowjetstaat durch die Stürme und Unwetter des Bürgerkriegs und der militärischen

Intervention geführt. Ausgerüstet mit der Idee des Marxismus-Leninismus, hat die Partei den Weg gewiesen und den Kampf des Sowjetvolkes für den Aufbau des Sozialismus in der UdSSR geleitet, war die Partei der Inspirator und Organisator des Sieges der Sowjetunion im Großen Vaterländischen Krieg gegen das faschistische Deutschland.

Die organisierende und umgestaltende Rolle des Marxismus-Leninismus kam auch in der Nachkriegsperiode beim erfolgreichen Aufbau des Kommunismus in der UdSSR, bei der genauen und treffenden Analyse der Perspektiven der Weiterentwicklung des Sowjetstaats zum Ausdruck. Die Allmacht des Marxismus-Leninismus kam auch in der wissenschaftlichen Analyse der gegenwärtigen internationalen Lage durch die kommunistischen Parteien mit aller Offensichtlichkeit zum Ausdruck. Diese tiefgründige Analyse hat vielen Millionen Menschen aller Länder die unerschütterliche welthistorische Tatsache klargemacht, dass die Kräfte des Sozialismus und der Demokratie jetzt bei weitem mächtiger sind als die Kräfte des imperialistischen Lagers und dass in unserem Zeitalter alle Wege zum Kommunismus führen.

Jetzt, wo dank der großen führenden und lenkenden Rolle der Partei Lenins und Stalins die Sowjetunion den Aufbau der sozialistischen Gesellschaft vollendet und den allmählichen Übergang vom Sozialismus zum Kommunismus durchführt, gewinnen die Aufgaben der kommunistischen Erziehung der Werktätigen, der Überwindung der Überreste des Kapitalismus im Bewusstsein der Menschen eine entscheidende Bedeutung. Vom Grad der sozialistischen Bewusstheit der Massen hängt das Tempo der Vorwärtsentwicklung zum Kommunismus ab.

Die ganze Schärfe des ideologischen Kampfes der KPdSU(B) unter den gegenwärtigen Bedingungen ist darauf gerichtet, die Werktätigen vor dem verderblichen Einfluss der sich zersetzenden bürgerlichen Kultur und Ideologie zu schützen, die Überreste der bürgerlichen Ideologie konsequent zu überwinden und die bolschewistische Unversöhnlichkeit gegenüber ideologischen Entstellungen zu verstärken. Es geht um den entschiedenen Kampf gegen die Überreste des Kapitalismus im Bewusstsein der Menschen; insbesondere gegen solche schädlichen Überreste, die das bürgerlich-feudale Russland als Erbschaft hinterließ, wie die Liebedienerei vor allem, was aus dem Ausland kommt.

Die bekannten Beschlüsse des ZK der KPdSU(B) zu den Fragen der ideologischen Arbeit, die in letzter Zeit angenommen wurden, die Diskussion über das Buch G.F. Alexandrows »Geschichte der westeuropäischen Philosophie«, die Entlarvung der bürgerlichen Morgan-Weismannschen Theorie in der biologischen Wissenschaft – alle diese Maßnahmen der bolschewistischen Partei sind darauf gerichtet, den Sowjetpatriotismus und Kampfgeist all derer, die an allen Abschnitten der ideologischen Front den Kampf führen, zu sichern, die Rolle der sowjetischen Wissenschaft, der Literatur und Kunst bei der Umgestaltung der Gesellschaft, der kommunistischen Erziehung der Werktätigen und der Lösung der großen Aufgaben, die vor dem Sowjetvolk stehen, zu verstärken. Diese Maßnahmen heben mit aller Kraft die Notwendigkeit hervor, in der gesamten ideologischen Arbeit der Partei das Lenin-Stalinsche Prinzip der bolschewistischen Parteilichkeit zu verankern.

Die Arbeiten W.I. Lenins »Was tun?« und J.W. Stalins »Kurze Darlegung der Meinungsverschiedenheiten in der Partei« lehren die Parteimitglieder und Parteilosen, lehren die Kader, unermüdlich um die Beherrschung der revolutionären Theorie zu kämpfen; sie lehren sie, wie man gegen die geringste ideologische Entstellung kämpfen, wie man für den Sieg des Kommunismus kämpfen muss.

Ausgerüstet mit der Lehre des Marxismus-Leninismus und geleitet von dem großen Führer der Millionenmassen, dem genialen Theoretiker des Kommunismus, dem Genossen Stalin, führt die bolschewistische Partei das Sowjetvolk zum vollen Triumph des Kommunismus.

Grigorenko (1948/1951).

ANHANG

W.I. Lenin:
DIE ERSTEN LEHREN

Die erste Welle des revolutionären Sturmes ist im Abebben. Wir stehen am Vorabend der unausbleiblichen und unvermeidlichen zweiten Welle. Die proletarische Bewegung breitet sich immer weiter aus und hat sich jetzt bis in die fernsten Randgebiete ausgedehnt. Die Gärung und Unzufriedenheit ergreift die verschiedenartigsten und rückständigsten Schichten der Gesellschaft. Handel und Industrie sind lahmgelegt, die Lehranstalten sind geschlossen, die Semstwoleute folgen dem Beispiel der Arbeiter und streiken. Wie immer, wenn eine Welle der Massenbewegung nachlässt und die nächste noch nicht herangerollt ist, häufen sich die individuellen Terrorakte: das Attentat auf den Odessaer Polizeipräsidenten, der Mord im Kaukasus, die Ermordung des Senatsprokurators in Helsingfors. Die Regierung geht von der Politik der blutigen Knute zur Politik der Versprechungen über. Sie will mit der Komödie des Empfangs einer Deputation durch den Zaren wenigstens diesen oder jenen Arbeiter hinters Licht führen.[1] Sie versucht durch Neuigkeiten vom Kriegsschauplatz die Aufmerksamkeit der Öffentlichkeit abzulenken und befiehlt Kuropatkin, am Hunho eine Offensive zu beginnen. Am 9. Januar war das Blutbad in Petersburg, am 12. begann diese vom militärischen Standpunkt absolut

---

[1]   [Siehe Lenin (1905/1959d, S. 122–123)].

sinnlose Offensive, die mit einer neuen ernsten Niederlage der zaristischen Generale endete. Die Russen wurden zurückgeschlagen und verloren selbst nach den Meldungen des »Nowoje-Wremja [Neue Zeit]«-Korrespondenten an die 13.000 Mann, d.h. etwa doppelt so viel wie die Japaner. In der militärischen Leitung herrscht in der Mandschurei die gleiche Zersetzung und Demoralisierung wie in Petersburg. In der Auslandspresse wechseln die Telegramme, die den Zwist zwischen Kuropatkin und Grippenberg bald bestätigen, bald dementieren, mit Telegrammen ab, in denen bald bestätigt, bald dementiert wird, dass die Großfürstenpartei die Gefahr des Krieges für die Selbstherrschaft erkannt hat und so schnell wie möglich den Frieden herbeiführen möchte.

Kein Wunder, dass unter solchen Bedingungen selbst die nüchternsten bürgerlichen Organe Europas nicht aufhören, von der Revolution in Russland zu sprechen. Die Revolution wächst und reift mit einer vor dem 9. Januar ungekannten Schnelligkeit heran. Ob die zweite Welle morgen, übermorgen oder in Monaten heranfluten wird, das hängt von einer Unmenge Umstände ab, die nicht vorauszusehen sind. Umso dringender ist die Aufgabe, eine gewisse Bilanz der Revolutionstage zu ziehen und nach Möglichkeit auch die Lehren zu ziehen, die uns viel früher zustattenkommen können, als manche erwarten mögen.

Um die Revolutionstage richtig einschätzen zu können, muss man einen Rückblick auf die jüngste Geschichte unserer Arbeiterbewegung werfen. Vor fast zwanzig Jahren, im Jahre 1885, erfolgten die ersten großen Arbeiterstreiks im zentralen Industriegebiet, bei Morosow und anderen. Damals schrieb Katkow, in Russland sei die Arbeiterfrage aufgetaucht. Und wie erstaunlich schnell hat sich das Proletariat entwickelt, indem es vom ökonomischen Kampf zu politischen Demonstrationen, von Demonstrationen zum revolutionären Ansturm überging! Rufen wir uns die wichtigsten Meilensteine des zurückgelegten Weges ins Gedächtnis. 1835 – umfassende Streiks unter verschwindend geringer Beteiligung ganz vereinzelter, durch keine Organisation zusammengeschlossener Sozialisten. Die durch die Streiks hervorgerufene Erregung der Öffentlichkeit veranlasst Katkow, den treuen Kettenhund der Selbstherrschaft, anlässlich der Gerichtsverhandlung von den »101 Salutschüssen zu Ehren der in Russland aufgetauchten Arbeiterfrage« zu sprechen. Die Regierung macht ökonomische Zugeständnisse. 1891 – Beteiligung der Petersburger Arbeiter an der Demonstration bei der Beisetzung Schelgunows,[5] politische Reden bei der Petersburger Maifeier. Es war eine sozialdemokratische Demonstration der fortgeschrittenen Arbeiter, während eine Massenbewegung nicht vorhanden war. 1896 – Streik einiger zehntausend Arbeiter in Petersburg. Massenbewegung und Anfänge der Straßenagitation, diesmal schon unter Beteiligung einer ganzen sozialdemokratischen Organisation. So gering, verglichen mit unserer jetzigen Partei, diese fast ausschließlich aus Studenten bestehende Organisation noch ist – ihr bewusstes und planmäßiges sozialdemokratisches Eingreifen und ihre Führung bewirken dennoch, dass die Bewegung im Vergleich zu dem Streik bei Morosow ein gigantisches Ausmaß erreicht und an Bedeutung gewinnt. Die Regierung macht wieder ökonomische Zugeständnisse. Die Streikbewegung hat in ganz Russland eine feste Grundlage erhalten. Beinah die ganze revolutionäre Intelligenz wird sozialdemokratisch. Die sozialdemokratische Partei wird gegründet. 1901 – der Arbeiter eilt dem Studenten zu Hilfe. Eine Demonstrationsbewegung setzt ein. Das Proletariat trägt seinen Ruf: Nieder mit der Selbstherrschaft! auf die Straße. Die radikale Intelligenz teilt sich endgültig in eine liberale, eine revolutionär-bürgerliche und eine sozialdemokratische. Die Beteiligung von Organisationen der revolutionären Sozialdemokratie an den Demonstrationen wird immer breiter, aktiver, unmittelbarer. 1902 – der gewaltige Streik in Rostow gestaltet sich zu einer hervorragenden Demonstration. Die politische Bewegung des Proletariats lehnt sich schon nicht mehr an die Bewegung der Intellektuellen, der Studenten an, sondern wächst unmittelbar aus dem Streik hervor. Die Beteiligung der organisierten revolutionären Sozialdemokratie ist noch aktiver. Das Proletariat erkämpft für sich und für die revolutionären Sozialdemokraten *seines* Komitees die Freiheit öffentlicher Massenversammlungen. Das Proletariat stellt sich zum ersten Mal als Klasse allen anderen Klassen und der Zarenregierung gegenüber. 1903 – wieder verschmelzen die Streiks mit den politischen Demonstrationen, aber auf einer noch breiteren Basis. Die Streiks erfassen ein ganzes Gebiet, an ihnen beteiligen sich mehr als hunderttausend Arbeiter, in einer ganzen Reihe von Städten werden während der Streiks wiederholt politische Massenversammlungen abgehalten. Man spürt, dass wir am Vorabend von Barrikadenkämpfen stehen (Äußerung Kiewer Sozialdemokraten über die Bewegung in Kiew 1903).[6] Der Vorabend erweist sich jedoch als verhältnismäßig lang, als ob er uns lehren wollte, dass mächtige Klassen ihre Kräfte mitunter monate- und jahrelang sammeln, als ob er die kleingläubigen Intellektuellen, die sich der Sozialdemokratie angeschlossen haben, auf die Probe stellen wollte. Der intelligenzlerische Flügel unserer Partei, die Neuiskristen oder (was dasselbe ist) die Neurabotschedelzen haben auch tatsächlich bereits die Suche nach »höheren Typen« von Demonstrationen begonnen, die darin bestehen, dass die Arbeiter mit den Semstwoleuten Übereinkommen, keine panische Angst hervorzurufen. Mit der allen Opportunisten eigenen Prinzipienlosigkeit haben sich die Neuiskristen zu der unglaublichen, einfach unglaublichen These verstiegen, dass in der politischen Arena zwei (!!) Kräfte vorhanden seien: Bürokratie und Bourgeoisie (siehe den *zweiten* Brief der »Iskra«-Redaktion anlässlich der Semstwokampagne). Die

Opportunisten der neuen »Iskra« haben auf der Jagd nach Augenblickserfolgen vergessen, dass das Proletariat eine selbständige Kraft darstellt! Es kam das Jahr 1905, und der 9. Januar entlarvte wieder einmal alle so vergesslichen Intelligenzler. Die proletarische Bewegung erhob sich mit einem Schlag auf eine ihrer höchsten Stufen. Der Generalstreik mobilisierte in ganz Russland sicherlich nicht weniger als eine Million Arbeiter. Die politischen Forderungen der Sozialdemokratie drangen sogar bis zu den Schichten der Arbeiterklasse durch, die noch an den Zaren glaubten. Das Proletariat durchbrach den Rahmen der polizeilichen Subatowiade, und die ganze Mitgliedermasse des legalen Arbeitervereins, der zum Kampf gegen die Revolution gegründet worden war, beschritt zusammen mit Gapon den revolutionären Weg. Der Streik und die Demonstration begannen sich vor unseren Augen zum *Aufstand* zu entwickeln. Die Beteiligung der organisierten revolutionären Sozialdemokratie war unvergleichlich stärker als in den vorhergegangenen Stadien der Bewegung, aber immer noch zu schwach, allzu schwach im Vergleich zu dem gigantischen Bedürfnis der aktiven proletarischen Masse nach sozialdemokratischer Führung.

Im Großen und Ganzen sind die Streik- und die Demonstrationsbewegung, die in verschiedenen Formen und aus verschiedenen Anlässen miteinander verschmolzen, in die Breite und in die Tiefe gewachsen, wobei sie immer revolutionärer wurden und sich in der Praxis mehr und mehr dem allgemeinen bewaffneten Volksaufstand näherten, von dem die revolutionäre Sozialdemokratie seit langem gesprochen hatte. Diese Schlussfolgerung aus den Ereignissen des 9. Januar zogen wir bereits in den Nummern 4[2] und 5 des »Wperjod [Vorwärts]«. Diese Schlussfolgerung wurde sofort und unmittelbar auch von den Petersburger Arbeitern selbst

---

[2]   [Siehe Lenin (1905/1959a)].

gezogen. Am 10. Januar drangen sie in eine legale Druckerei ein, setzten das nachstehende, uns von den Petersburger Genossen zugesandte Flugblatt, druckten davon mehr als 10.000 Exemplare und verbreiteten es in Petersburg. Dieses ausgezeichnete Flugblatt hat folgenden Wortlaut.[3]

Dieser Aufruf bedarf keiner Erläuterungen. Die Selbsttätigkeit des revolutionären Proletariats ist hier vollauf zum Ausdruck gekommen. Die Aufforderung der Petersburger Arbeiter wurde nicht so rasch verwirklicht, wie sie es wünschten, sie wird noch mehr als einmal wiederholt werden müssen, und die Versuche, sie zu verwirklichen, werden noch mehrfach zu Misserfolgen führen. Aber die gigantische Bedeutung dessen, dass die Arbeiter selbst diese Aufgabe stellen, ist unbestreitbar. Die Errungenschaft der revolutionären Bewegung, die die praktische Dringlichkeit dieser Aufgabe erkannt und die Möglichkeit näher gerückt hat, dass diese Aufgabe bei jeder Volksbewegung als nächstliegende auf die Tagesordnung gesetzt wird – diese Errungenschaft kann dem Proletariat durch nichts mehr genommen werden.

Es lohnt sich, auf die Geschichte der Idee des Aufstands einzugehen. Die neue »Iskra« hat, angefangen mit dem unvergesslichen Leitartikel in der Nummer 62, über diese Frage so viele nebelhafte Plattheiten, soviel unseres alten Bekannten Martynow durchaus würdige opportunistische Konfusion zusammengeredet, dass die genaue Rekonstruktion der alten Fragestellung besonders wichtig ist. All den Plattheiten und der ganzen Konfusion der neuen »Iskra« kann man sowieso nicht nachgehen. Weitaus zweckmäßiger dürfte es sein, öfter der alten »Iskra« zu gedenken und ihre alten positiven Losungen möglichst konkret weiterzuentwickeln.

Am Schluss der Broschüre »Was tun?« von Lenin, auf

---

[3]   [Siehe Lenin (1905/1959e, S.142)].

Seite 136,[4] wurde die Losung des *allgemeinen bewaffneten Volksaufstands* aufgestellt. Folgendes wurde darüber ganz zu Anfang des Jahres 1902, also vor drei Jahren, gesagt: »Man stelle sich einen Volksaufstand vor. In der heutigen Zeit werden wohl alle zugeben, dass wir an ihn denken und uns auf ihn vorbereiten müssen...[5]

Geschrieben Anfang Februar 1905.

Zuerst veröffentlicht 1926 im Lenin-Sammelband V.

Nach dem Manuskript.

Lenin (1905/1959b).

---

[4]   [Siehe Lenin (1902/1955, S. 535–536)].

[5]   [Hier bricht das Manuskript ab].

W.I. Lenin:
SOZIALISMUS UND BAUERNSCHAFT

Die Revolution, die Russland jetzt erlebt, ist eine allgemeine Volksrevolution. Die Interessen des ganzen Volkes sind in einen unversöhnlichen Widerspruch mit den Interessen einer Handvoll Leute geraten, die entweder die absolutistische Regierung bilden oder sie unterstützen. Schon allein die bloße Existenz der modernen Gesellschaft, die auf der Grundlage der Warenwirtschaft aufgebaut ist und in der gewaltige Unterschiede und Gegensätze zwischen den Interessen der verschiedenen Klassen und Bevölkerungsgruppen bestehen, erfordert die Vernichtung der Selbstherrschaft, die politische Freiheit und die offene und unmittelbare Widerspiegelung der Interessen der herrschenden Klassen in der staatlichen Ordnung und Verwaltung. Die demokratische, ihrem gesellschaftlich-ökonomischen Wesen nach bürgerliche Umwälzung muss unweigerlich die Bedürfnisse der ganzen bürgerlichen Gesellschaft zum Ausdruck bringen.

Allein diese Gesellschaft, die jetzt im Kampf gegen die Selbstherrschaft einheitlich und geschlossen zu sein scheint, ist durch die Kluft zwischen Kapital und Arbeit selbst unwiderruflich gespalten. Das Volk, das sich gegen die Selbstherrschaft erhoben hat, ist kein einheitliches Volk. Eigentümer und Lohnarbeiter, eine unbedeutende Anzahl (die »oberen Zehntausend«) von Reichen und aber Millionen von Besitzlosen und Werktätigen – das sind wahrhaftig »zwei Nationen«, wie ein weitblickender Engländer bereits in der ersten Hälfte des 19. Jahrhunderts gesagt hat.[7] Der Kampf zwischen Proletariat und Bourgeoisie steht in ganz Europa auf der Tagesordnung. Dieser Kampf hat längst auch auf Russland übergegriffen. Im heutigen Russland machen den Inhalt der Revolution nicht die zwei kämpfenden Kräfte aus, sondern zwei verschiedene und verschiedenartige soziale Kriege: Der eine spielt sich im Schoße der heutigen absolutistisch-leibeigenschaftlichen Ordnung, der andere im Schoße der künftigen, vor unseren Augen schon entstehenden bürgerlich-demokratischen Ordnung ab. Der eine ist der Kampf des gesamten Volkes für die Freiheit (für die Freiheit der bürgerlichen Gesellschaft), für die Demokratie, d.h. für die Volksherrschaft – der andere ist der Klassenkampf des Proletariats gegen die Bourgeoisie für die sozialistische Gesellschaftsordnung.

Somit fällt den Sozialisten die schwere, mühsame Aufgabe zu, gleichzeitig zwei Kriege zu führen, die sowohl nach ihrem Charakter als auch nach ihren Zielen und nach der Zusammensetzung der zur entscheidenden Teilnahme an dem einen oder anderen Krieg geeigneten sozialen Kräfte äußerst verschiedenartig sind. Diese schwierige Aufgabe hat die Sozialdemokratie klar gestellt und fest entschieden, und zwar dank dem Umstand, dass sie ihrem ganzen Programm den wissenschaftlichen Sozialismus, d.h. den Marxismus, zugrunde legte und dass sie sich als ein Trupp der Armee der internationalen Sozialdemokratie anschloss, die an Hand der Erfahrung einer langen Reihe demokratischer und sozialistischer Bewegungen in den verschiedenen europäischen Ländern die Grundsätze des Marxismus geprüft, bestätigt, erläutert und detaillierter entwickelt hat.

Die revolutionäre Sozialdemokratie hat seit jeher und immer wieder den bürgerlichen Charakter des russischen

Demokratismus, von seiner Formulierung durch die liberalen Volkstümler bis zur Formulierung durch die Oswoboschdenzen, aufgedeckt. Sie hat stets auf die unvermeidliche Halbschlächtigkeit, Beschränktheit und Engstirnigkeit des bürgerlichen Demokratismus hingewiesen. Sie hat dem sozialistischen Proletariat in der Epoche der demokratischen Revolution die Aufgabe gestellt, die Masse der Bauernschaft auf seine Seite zu ziehen und, die Wankelmütigkeit der Bourgeoisie paralysierend, die Selbstherrschaft zu brechen und zu vernichten. Der entscheidende Sieg der demokratischen Revolution ist nur möglich in der Form der revolutionär-demokratischen Diktatur des Proletariats und der Bauernschaft. Doch je rascher und je vollständiger dieser Sieg zur Wirklichkeit wird, um so rascher und tiefer werden sich neue Widersprüche und ein neuer Klassenkampf im Rahmen der vollauf demokratisierten bürgerlichen Ordnung entfalten. Je vollständiger wir die demokratische Umwälzung verwirklichen werden, um so näher werden wir den Aufgaben der sozialistischen Umwälzung von Angesicht zu Angesicht gegenüberstehen, umso heftiger und schärfer wird der Kampf des Proletariats gegen die tragenden Grundpfeiler der bürgerlichen Gesellschaft sein.

Gegen jede Abweichung von dieser Festsetzung der revolutionär-demokratischen und der sozialistischen Aufgaben des Proletariats muss die Sozialdemokratie einen beharrlichen Kampf führen. Es ist unsinnig, den demokratischen, d.h. in seinen Grundzügen bürgerlichen Charakter der gegenwärtigen Revolution zu ignorieren, und es ist deshalb auch unsinnig, solche Losungen aufzustellen wie etwa die Gründung revolutionärer Kommunen. Es ist unsinnig und reaktionär, die Aufgaben der Teilnahme, und zwar der führenden Teilnahme des Proletariats an der demokratischen Revolution herabzusetzen, indem man, sagen wir, vor der Losung der revolutionär-demokratischen Diktatur des Proletariats und der Bauernschaft zurückscheut. Es ist unsinnig, die Aufgaben und die Bedingungen der demokratischen und der sozialistischen Revolution, die, wir wiederholen, sowohl nach ihrem Charakter als auch nach der Zusammensetzung der an ihnen teilnehmenden sozialen Kräfte verschiedenartig sind, durcheinanderzuwerfen.

Gerade auf diesen letzten Fehler wollen wir etwas ausführlicher eingehen. Die mangelnde Entwicklung der Klassengegensätze im Volk überhaupt und in der Bauernschaft insbesondere ist in der Epoche der demokratischen Revolution, die erst die Grundlagen für eine wirklich breite kapitalistische Entwicklung schafft, eine unvermeidliche Erscheinung. Diese mangelnde ökonomische Entwicklung bewirkt das Weiterleben, ja in der einen oder anderen Form das Wiederaufleben rückständiger Formen des Sozialismus, der ein kleinbürgerlicher Sozialismus ist, weil er Umgestaltungen idealisiert, die über den Rahmen kleinbürgerlicher Verhältnisse nicht hinausgehen. Die Masse der Bauern ist sich nicht bewusst und kann sich nicht bewusst sein, dass auch die vollste »Freiheit« und die »gerechteste« Aufteilung sogar des gesamten Grund und Bodens den Kapitalismus keineswegs beseitigen, sondern im Gegenteil die Bedingungen für seine besonders breite und machtvolle Entwicklung erzeugen werden. Und während die Sozialdemokratie nur den revolutionär-demokratischen Inhalt dieser bäuerlichen Bestrebungen hervorhebt und unterstützt, macht der kleinbürgerliche Sozialismus aus der mangelnden Einsicht der Bauern eine Theorie, verwechselt oder vermengt er die Bedingungen und Aufgaben der wirklichen demokratischen und einer von der Phantasie vorgegaukelten sozialistischen Umwälzung.

Am anschaulichsten bringt diese unklare kleinbürgerliche Ideologie das Programm, richtiger gesagt, der Programmentwurf der »Sozialrevolutionäre« zum Ausdruck, die es um so eiliger hatten, sich als Partei zu proklamieren, je weniger bei ihnen die Formen und Voraussetzungen für die Existenz als Partei entwickelt waren. Als wir ihren Programmentwurf analysierten (siehe »Wperjod« Nr. 3[6]), wiesen wir bereits darauf hin, dass die Anschauungen der Sozialrevolutionäre ihre Wurzeln in der alten russischen Volkstümlerrichtung haben. Da indes die ganze ökonomische Entwicklung Russlands, der ganze Gang der russischen Revolution der reinen Volkstümlerideologie rücksichtslos und unbarmherzig täglich und stündlich den Boden unter den Füßen wegzieht, müssen die Anschauungen der Sozialrevolutionäre unvermeidlich eklektisch werden. Die schadhaften Stellen in der Volkstümlerideologie bemühen sie sich mit den Flicken der in Mode gekommenen opportunistischen »Kritik« des Marxismus auszubessem, doch das fadenscheinige Zeug wird dadurch nicht fester. Im Großen und Ganzen ist ihr Programm etwas absolut Lebloses, innerlich Widerspruchsvolles, das in der Geschichte des russischen Sozialismus lediglich eine Etappe des Weges vom fronherrlichen zum bürgerlichen Russland, des Weges »von der Volkstümlerrichtung zum Marxismus« darstellt. Unter diese Definition, die für eine ganze Reihe mehr oder weniger seichter Rinnsale des heutigen revolutionären Denkens zutrifft, fällt auch der neueste Entwurf des Agrarprogramms der Polnischen Sozialistischen Partei (PPS), der in Nr. 6–8 des »Przedswit [Die Morgenröte]« veröffentlicht ist.

Der Entwurf teilt das Agrarprogramm in zwei Hälften. Teil I behandelt die »Reformen, für deren Durchführung die gesellschaftlichen Verhältnisse schon herangereift sind«; Teil II »formuliert die Krönung und Integration der Agrarreformen, die in Teil I behandelt worden sind«. Teil I ist seinerseits in drei Abschnitte gegliedert: A. Arbeitsschutz – Forderungen im Interesse des landwirtschaftlichen Proletariats; B. Agrarreformen (im engeren Sinne, sozusagen Bauernforderungen)

---

[6]   [Siehe Lenin (1905/1959c)].

und C. Schutz der Landbevölkerung (Selbstverwaltung usw.).

Ein Schritt zum Marxismus ist in diesem Programm der Versuch, so etwas wie ein Minimalprogramm vom Maximalprogramm abzutrennen, sodann die völlig selbständige Aufstellung von Forderungen rein proletarischen Charakters, ferner bei der Begründung des Programms die Feststellung, dass es für einen Sozialisten absolut unzulässig ist, »den Eigentümerinstinkten der Bauernmassen zu schmeicheln«. Würde die in dieser letzten These enthaltene Wahrheit völlig durchdacht und logisch zu Ende entwickelt, so käme eigentlich unweigerlich ein streng marxistisches Programm heraus. Aber das ist ja das Unglück, dass die PPS keine konsequent proletarische Partei ist und ihre Ideen ebenso gerne aus dem Brunnen der opportunistischen Kritik am Marxismus schöpft. »Da die Tendenz zur Konzentration des Grundeigentums«, lesen wir in der Motivierung des Programms, »nicht bewiesen ist, kann man unmöglich für diese Wirtschaftsform mit voller Aufrichtigkeit und Sicherheit eintreten und die Bauern davon überzeugen, dass die landwirtschaftlichen Kleinbetriebe unvermeidlich verschwinden«.

Das ist nichts anderes als ein Nachhall der bürgerlichen politischen Ökonomie. Die bürgerlichen Ökonomen geben sich die größte Mühe, dem Kleinbauern weiszumachen, dass sich der Kapitalismus mit dem Wohlstand des bäuerlichen Kleineigentümers vereinbaren lasse. Deshalb verschleiern sie die allgemeine Frage der Warenwirtschaft, der Unterjochung durch das Kapital, des Rückgangs und des Niedergangs der kleinen Bauernwirtschaft durch die besondere Frage der Konzentration des Grundeigentums. Sie verschließen die Augen vor der Tatsache, dass sich die Großproduktion in speziellen Handelszweigen der Landwirtschaft sowohl auf dem kleinen als auch auf dem mittleren Grundeigentum entwickelt und dass dieses Eigentum sowohl infolge der steigenden Pachtpreise als auch unter dem Druck der Hypotheken und des

Wuchers zerfällt. Sie lassen die unleugbare Tatsache unbeachtet, dass der Großbetrieb in der Landwirtschaft technisch überlegen ist und dass sich die Lebensbedingungen des Bauern im Kampf gegen den Kapitalismus verschlechtern. Die PPS tut weiter nichts, als dass sie die bürgerlichen Vorurteile wiederholt, die von den heutigen Davids[8] zu neuem Leben erweckt werden.

Die Unklarheit der theoretischen Anschauungen zeigt sich auch im praktischen Programm. Nehmen wir Teil I: die Agrarreformen im engeren Sinne. Einerseits lesen wir in Punkt 5: »Aufhebung aller Beschränkungen beim Kauf von Anteilland und 6. Abschaffung der Scharwerke[9] und Spanndienste (Naturalleistungen)«. Das sind rein marxistische Minimalforderungen. Indem die PPS sie aufstellt (besonders Punkt 5), macht sie im Vergleich zu unseren Sozialrevolutionären, die im Verein mit den »Moskowskije Wedomosti [Moskauer Mitteilungen]« eine Schwäche für die »Unveräußerlichkeit des Anteillandes« haben, einen Schritt vorwärts. Indem die PPS diese Forderungen aufstellt, kommt sie nahe heran an die marxistische Idee vom Kampf gegen die Überreste der Leibeigenschaft als Grundlage und Inhalt der heutigen Bauernbewegung. Doch während die PPS an diese Idee nahe herankommt, ist sie weit davon entfernt, sie völlig und bewusst zu akzeptieren.

Die Hauptpunkte des hier von uns untersuchten Minimalprogramms lauten. »1. Nationalisierung der staatlichen, kirchlichen und Apanageländereien durch Konfiskation; 2. Nationalisierung des großen Grundeigentums, wenn keine direkten Erben vorhanden sind; 3. Nationalisierung der Wälder, Flüsse und Seen«. Diese Forderungen leiden an all den Mängeln eines Programms, das für die Jetztzeit die Forderung der Nationalisierung des Grund und Bodens in den Vordergrund rückt. Solange die volle politische Freiheit und die Herrschaft des Volkes nicht Tatsache geworden sind, solange es keine demokratische Republik gibt, ist die Forderung der Nationalisierung verfrüht und unklug, denn die Nationalisierung bedeutet den Übergang in den Besitz des Staates, der heutige Staat aber ist ein Polizei- und Klassenstaat, und der morgige Staat wird auf jeden Fall ein Klassenstaat sein. Als Losung aber, die in der Richtung der Demokratisierung vorwärtsführt, ist diese Forderung besonders untauglich, denn sie legt das Schwergewicht nicht auf das Verhältnis der Bauern zu den Gutsbesitzern (die Bauern nehmen das Land der Gutsbesitzer), sondern auf das Verhältnis der Gutsbesitzer zum Staat. Eine solche Fragestellung ist grundfalsch für eine Zeit, in der die Bauern sowohl gegen die Gutsbesitzer als auch gegen den Staat der Gutsbesitzer auf revolutionärem Wege um den Grund und Boden kämpfen. Revolutionäre Bauernkomitees zum Zweck der Konfiskation, als Werkzeug der Konfiskation – das ist die einzige Losung, die einer solchen Zeit entspricht und den Klassenkampf gegen die Gutsbesitzer in engster Verbindung mit der revolutionären Zerstörung des Gutsbesitzerstaates vorantreibt.

Die übrigen Punkte des minimalen Agrarprogramms im Entwurf der PPS sind folgende: »4. Einschränkung des Eigentumsrechts, insofern es zum Hindernis aller möglichen landwirtschaftlichen Verbesserungen (Melioration) wird, wenn diese Verbesserungen von der Mehrheit der Interessenten als notwendig anerkannt werden;...7. Nationalisierung der Versicherung des Getreides gegen Feuer und Hagel und des Viehs gegen Seuchen; 8. Förderung der Gründung von landwirtschaftlichen Artels und Genossenschaften durch den Staat auf gesetzgeberischem Wege; 9. landwirtschaftliche Schulen«.

Diese Punkte sind ganz im Geiste der Sozialrevolutionäre oder (was dasselbe ist) ganz im Geiste des bürgerlichen Reformertums. Sie enthalten nichts Revolutionäres. Gewiss sind sie fortschrittlich, darüber ist nicht zu streiten, aber fortschrittlich im Interesse der Eigentümer. Werden sie von Sozialisten aufgestellt, so heißt das eben den Eigentümerinstinkten schmeicheln. Sie aufzustellen ist dasselbe, wie wenn man vom Staat die Förderung der Truste, Kartelle, Syndikate und Industriellenverbände fordern wollte, die nicht weniger »fortschrittlich« sind als die Genossenschaften, Versicherungsgesellschaften usw. in der Landwirtschaft. Das alles ist kapitalistischer Fortschritt. Sich darum zu sorgen, ist nicht unsere Sache, sondern Sache der bäuerlichen Unternehmer. Der proletarische Sozialismus zum Unterschied vom kleinbürgerlichen Sozialismus überlässt den Grafen de Roquignie, den Gutsbesitzern vom Semstwo u.a.m. die Sorge um die Kooperationen der Groß- und Kleinbesitzer,- er selbst sorgt sich einzig und allein um die Kooperation der *Lohnarbeiter* für den *Kampf gegen die Unternehmer.*

Sehen wir uns jetzt Teil II des Programms an. Er besteht aus dem einen Punkt: »Nationalisierung des großen Grundeigentums durch Konfiskation. Äcker und Wiesen, die das Volk auf diese Weise erwirbt, müssen in Parzellen geteilt und den landlosen oder landarmen Bauern in langjährige, gesicherte Pacht übergeben werden«.

Eine famose »Krönung«, das muss man schon sagen! Eine Partei, die sich sozialistisch nennt, schlägt als »Krönung und Integration der Agrarreformen« keineswegs eine sozialistische Struktur der Gesellschaft vor, sondern eine unsinnige kleinbürgerliche Utopie. Wir haben hier das anschaulichste Beispiel einer gänzlichen Verwechslung von demokratischer und sozialistischer Umwälzung und eines gänzlichen Nichtverstehens ihrer verschiedenartigen Ziele vor uns. Der Übergang des Grund und Bodens von den Gutsbesitzern an die Bauern kann ein Bestandteil der demokratischen Umwälzung, eine Etappe der bürgerlichen Revolution sein – und war es auch überall in Europa –, aber nur bürgerliche Radikale können ihn als Krönung oder Vollendung bezeichnen. Die

Neuaufteilung des Grund und Bodens unter diese oder jene Kategorien von Eigentümern, unter diese oder jene Klassen von Hofbesitzern, kann im Interesse des Sieges der Demokratie, im Interesse der völligen Ausmerzung aller Spuren der Leibeigenschaft, der Hebung der Lebenshaltung der Masse, der Beschleunigung der kapitalistischen Entwicklung usw. vorteilhaft und notwendig sein, und dann wäre es die Pflicht des sozialistischen Proletariats, in der Epoche der demokratischen Revolution eine solche Maßnahme aufs entschiedenste zu unterstützen; aber »Krönung und Vollendung« kann nur die *sozialistische* Produktion und nicht die bäuerliche Kleinproduktion sein. Die »gesicherte« kleinbäuerliche Pacht unter Beibehaltung der Warenwirtschaft und des Kapitalismus ist eine reaktionäre kleinbürgerliche Utopie und weiter nichts.

Wir sehen jetzt, dass der Hauptfehler der PPS nicht nur ihr allein eigen, nicht vereinzelt, nicht zufällig ist. In ihm äußert sich klarer und deutlicher (als in der berüchtigten »Sozialisierung« der Sozialrevolutionäre, die von diesen selbst nicht verstanden wird) der *grundlegende* Fehler der ganzen russischen Volkstümlerrichtung, des *gesamten* russischen bürgerlichen Liberalismus und Radikalismus in der Agrarfrage, einschließlich dessen, was in den Debatten auf der letzten Tagung der Semstwoleute (im September) in Moskau zum Ausdruck kam.

Diesen grundlegenden Fehler kann man folgendermaßen formulieren:

In der Festsetzung der nächsten Ziele ist das Programm der PPS nicht revolutionär. In seinen Endzielen ist es nicht sozialistisch.

Anders gesagt: das Nichtverstehen des Unterschieds zwischen der demokratischen und der sozialistischen Umwälzung führt dahin, dass bei den demokratischen Aufgaben deren wirklich revolutionäre Seite nicht zur Geltung kommt, während in die sozialistischen Aufgaben die ganze Unklarheit der bürgerlich-demokratischen Weltanschauung hineingebracht wird. So entsteht eine Losung, die für den Demokraten ungenügend revolutionär, für den Sozialisten aber unverzeihlich verworren ist.

Dagegen wird das Programm der Sozialdemokratie allen Anforderungen gerecht, sowohl was die Unterstützung eines wahrhaft revolutionären Demokratismus als auch was die Aufstellung eines klaren sozialistischen Ziels betrifft. In der heutigen Bauernbewegung sehen wir den Kampf gegen die Leibeigenschaftsverhältnisse, den Kampf gegen die Gutsbesitzer und den Gutsbesitzerstaat. Diesen Kampf unterstützen wir bis zu Ende. Für diese Unterstützung ist die einzig richtige Losung: Konfiskation durch revolutionäre Bauernkomitees. Was mit den konfiszierten Ländereien geschehen soll, ist eine zweitrangige Frage, die nicht wir, sondern die Bauern lösen werden. Und bei ihrer Lösung wird eben der Kampf zwischen dem Proletariat und der Bourgeoisie unter der Bauernschaft entbrennen. Deshalb lassen wir diese Frage entweder offen (was den kleinbürgerlichen Projektemachern so sehr missfällt) oder zeigen von uns aus nur den *Anfang* des Weges, der in der Wegnahme der Bodenabschnitte besteht (worin denkfaule Leute, trotz der zahlreichen Erläuterungen durch die Sozialdemokratie, eine Schranke der Bewegung erblicken).

Damit sich die Agrarreform, die im heutigen Russland unvermeidlich ist, revolutionär-demokratisch auswirkt, gibt es nur *ein* Mittel: ihre Verwirklichung durch die revolutionäre Initiative der Bauern selbst, gegen die Gutsbesitzer und die Bürokratie, gegen den Staat, d.h. die Verwirklichung auf revolutionärem Wege. Auch die schlechteste Verteilung des Grund und Bodens wird nach einer *solchen* Umgestaltung in jeder Hinsicht besser sein als die jetzige. Und diesen Weg zeigen wir, indem wir an die Spitze unserer Forderungen die revolutionären Bauernkomitees stellen.

Zugleich aber sagen wir dem Landproletariat: »Der radikalste Sieg der Bauern, zu dem du jetzt aus allen Kräften beitragen musst, wird dich von deiner Bettelarmut nicht befreien. Zu diesem Ziele führt nur *ein* Weg: der Sieg des gesamten Proletariats, sowohl des industriellen als auch des landwirtschaftlichen, über die gesamte Bourgeoisie und die Errichtung der sozialistischen Gesellschaft«.

Zusammen mit den bäuerlichen Eigentümern gegen die Gutsbesitzer und den Gutsbesitzerstaat, zusammen mit dem städtischen Proletariat gegen die gesamte Bourgeoisie und alle bäuerlichen Eigentümer – das ist die Losung des klassenbewussten ländlichen Proletariats. Und sollten die Kleinbesitzer diese Losung nicht sofort oder sogar überhaupt nicht annehmen, so wird sie dafür zur Losung der Arbeiter werden, wird sie unweigerlich durch die ganze Revolution bestätigt werden, wird sie uns vor kleinbürgerlichen Illusionen bewahren und uns klar und bestimmt unser sozialistisches Ziel zeigen.

»Proletari« Nr. 20, 10. Oktober [27. September] 1905.

Nach dem Text des »Proletari«.
Lenin (1905/1957a).

W.I. Lenin:
IWAN WASSILJEWITSCH BABUSCHKIN (NEKROLOG)

Wir leben unter so verfluchten Verhältnissen, wo folgendes möglich ist: Ein bedeutender Parteiarbeiter, auf den die Partei stolz sein konnte, ein Genosse, der sein ganzes Leben vorbehaltlos der Sache der Arbeiter widmete, verschwindet spurlos. Und selbst die nächsten Angehörigen, wie die Frau und die Mutter, und die allernächsten Genossen wissen jahrelang nicht, was mit ihm geschehen ist: schuftet er irgendwo, zur Zwangsarbeit verurteilt, kam er in irgendeinem Gefängnis um, oder fand er im Kampf mit dem Feind den Heldentod? So war es mit Iwan Wassiljewitsch, der von Rennenkampf erschossen wurde. Von seinem Tod erfuhren wir erst vor kurzer Zeit.

Der Name Iwan Wassiljewitschs ist sehr vielen Sozialdemokraten nah und teuer. Alle, die ihn kannten, liebten und schätzten ihn, dem jede Phrase fremd war, wegen seiner Energie, wegen seiner aufrichtigen und konsequenten revolutionären Haltung und seiner leidenschaftlichen Ergebenheit für unsere Sache. Als Petersburger Arbeiter ist er 1895 mit einer Gruppe anderer klassenbewusster Genossen mit großer Energie hinter der Newskaja Sastawa unter den Arbeitern des Semjannikow- und des Alexandrowschen Werkes sowie der Glasfabrik tätig, er gründet Zirkel, richtet Bibliotheken ein und lernt stets selbst mit Hingabe.

All seine Gedanken sind darauf gerichtet, wie die Arbeit
weiter ausgedehnt werden kann. Er ist aktiv an der Herstellung des *ersten Agitationsflugblattes* beteiligt, das im Herbst
1894 in St. Petersburg erschien, des Flugblattes an die Arbeiter des Semjannikow-Werkes, und er verbreitet es eigenhändig. Als in St. Petersburg der »Kampfbund zur Befreiung der
Arbeiterklasse« gebildet wurde, wird Iwan Wassiljewitsch
eines seiner aktivsten Mitglieder, und er arbeitet im Kampfbund bis zu seiner Verhaftung. Den Gedanken, im Ausland
eine politische Zeitung herauszugeben, die der Einigung und
Festigung der sozialdemokratischen Partei dienen sollte, berieten seine alten Genossen in der Petersburger Arbeit – die
Begründer der »Iskra« – gemeinsam mit ihm, und er unterstützte diesen Gedanken aufs wärmste. Solange Iwan Wassiljewitsch in Freiheit ist, leidet die »Iskra« keinen Mangel
an echten Arbeiterkorrespondenzen. Sehen Sie die ersten 20
Nummern der »Iskra« durch, all die Korrespondenzen aus
Schuja, Iwanowo-Wosnessensk, Orechowo-Sujewo und anderen Orten Zentralrusslands: fast alle von ihnen sind durch
die Hände Iwan Wassiljewitschs gegangen, der bemüht war,
die engste Verbindung zwischen der »Iskra« und den Arbeitern herzustellen. Iwan Wassiljewitsch war der eifrigste Korrespondent der »Iskra« und ihr leidenschaftlicher Anhänger.
Aus dem zentralen Gebiet geht Babuschkin nach dem Süden, nach Jekaterinoslaw, wo man ihn verhaftet und nach
Alexandrowsk ins Gefängnis bringt. Aus Alexandrowsk flieht
er gemeinsam mit einem anderen Genossen, nachdem er das
Fenstergitter durchgefeilt hat. Ohne eine einzige Fremdsprache zu kennen, schlägt er sich nach London durch, wo sich
damals die Redaktion der »Iskra« befand. Vieles wurde dort
besprochen, viele Fragen wurden gemeinsam erörtert. Iwan
Wassiljewitsch kam jedoch nicht dazu, am zweiten Parteitag
teilzunehmen…Gefängnis und Verbannung rissen ihn für
lange Zeit aus der Kampffront. Die anschwellende revolu-

tionäre Welle brachte neue Mitarbeiter, neue Parteifunktionäre hervor. Babuschkin aber lebte zu dieser Zeit im hohen Norden, in Werchojansk, abgeschnitten vom Parteileben. Er verbrachte seine Zeit nicht untätig, er lernte, bereitete sich zum Kampf vor, half den Arbeitern, seinen Verbannungsgefährten, sich zu schulen, bemühte sich, sie zu bewussten Sozialdemokraten und Bolschewiki zu machen. Im Jahre 1905 kam die Amnestie, und Babuschkin machte sich auf den Weg nach Russland. Aber auch in Sibirien wogte in dieser Zeit der Kampf, und dort wurden solche Leute wie Babuschkin gebraucht. Er trat dem Irkutsker Komitee bei und stürzte sich mit ganzer Kraft in die Arbeit. Er sprach auf Versammlungen, betrieb sozialdemokratische Agitation und organisierte den Aufstand. Als Babuschkin mit fünf anderen Genossen – deren Namen uns nicht bekannt geworden sind – in einem besonderen Waggon eine große Ladung Waffen nach Tschita führte, wurde der Zug von einer Strafexpedition Rennenkampfs gefasst, und alle sechs wurden ohne jedes Gerichtsverfahren, auf der Stelle, am Rande eines in aller Eile ausgeworfenen Massengrabes erschossen. Sie starben als Helden. Von ihrem Tode haben Soldaten berichtet, die Augenzeugen waren, und Eisenbahner, die sich in diesem Zug befanden. Babuschkin fiel als Opfer des barbarischen Gewaltaktes eines Zarenschergen, aber er starb in dem Bewusstsein, dass die Sache, der er sein ganzes Leben gewidmet hatte, nicht stirbt, dass Zehntausende, Hunderttausende, ja Millionen anderer Hände sie vollbringen werden, dass für diese Sache noch andere Genossen Arbeiter fallen, dass sie aber so lange kämpfen, bis sie gesiegt haben…

* * *

Es gibt Menschen, die sich das Märchen ausgedacht haben und es verbreiten, die Sozialdemokratische Arbeiterpartei

Russlands sei eine »Intellektuellen«partei, sie sei von den Arbeitern isoliert, die Arbeiter in Russland seien Sozialdemokraten ohne Sozialdemokratie, dies sei insbesondere vor der Revolution und in bedeutendem Maße während der Revolution so gewesen. Die Liberalen verbreiten diese Lüge aus Hass gegen den revolutionären Kampf der Massen, den die SDAPR im Jahre 1905 leitete, und hie und da gibt es auch unter den Sozialisten Leute, die diese verlogene Theorie aus Unverständnis oder Leichtsinn übernehmen. Das Leben von Iwan Wassiljewitsch Babuschkin, die zehnjährige sozialdemokratische Tätigkeit dieses *Arbeiters,* eines echten *Iskristen,* sind eine anschauliche Widerlegung dieser liberalen Lüge. I.W. Babuschkin war einer von den fortgeschrittenen Arbeitern, die *10 Jahre* vor der Revolution begannen, eine sozialdemokratische *Arbeiterpartei* zu schaffen. Ohne die unermüdliche, heldenhaft beharrliche Arbeit solcher Vorkämpfer unter den proletarischen Massen hätte die SDAPR nicht nur keine zehn Jahre, sondern nicht einmal zehn Monate bestehen können. Nur dank der Tätigkeit *solcher* Vorkämpfer, nur dank ihrer Unterstützung entwickelte sich die SDAPR bis 1905 zu einer Partei, die in den großen Oktober- und Dezembertagen *untrennbar* mit dem Proletariat *verschmolz,* die diese Verbindung aufrechterhielt in Gestalt der *Arbeiterabgeordneten* nicht nur der II., sondern auch der III., der Schwarzhunderterduma.

Die Liberalen (Kadetten) möchten den kürzlich verstorbenen Präsidenten der I. Duma, S.A. Muromzew, zum Volkshelden machen. Wir Sozialdemokraten dürfen keine Gelegenheit vorübergehen lassen, unsere Verachtung und unseren Hass gegen die zaristische Regierung zum Ausdruck zu bringen, die selbst so gemäßigte und harmlose Beamte wie Muromzew verfolgte. Muromzew war nur ein liberaler Beamter. Er war nicht einmal Demokrat. Er fürchtete den revolutionären Kampf der Massen. Er erwartete die Freiheit für Russland nicht von einem solchen Kampf, sondern vom guten Willen der zaristischen Selbstherrschaft, von der *Verständigung* mit diesem schlimmsten und unerbittlichen Feind des russischen Volkes. In solchen Leuten Volkshelden der russischen Revolution sehen zu wollen ist lächerlich.

Es gibt aber solche Volkshelden. Das sind Menschen wie Babuschkin. Es sind Menschen, die sich nicht ein und nicht zwei, sondern volle 10 Jahre vor der Revolution voll und ganz dem Kampf für die Befreiung der Arbeiterklasse widmeten. Das sind Menschen, die sich nicht in nutzlosen terroristischen Unternehmungen einzelner verzettelten, sondern die hartnäckig und unermüdlich unter den proletarischen Massen wirkten und halfen, ihr Klassenbewusstsein, ihre Organisation, ihre revolutionäre Initiative zu entwickeln. Das sind Menschen, die sich an die Spitze des bewaffneten Massenkampfes gegen die zaristische Selbstherrschaft stellten, als die Krise begann, als die Revolution ausbrach, als Millionen und aber Millionen in Bewegung gerieten. Alles, was der zaristischen Selbstherrschaft abgerungen worden war, wurde ihr *ausschließlich* durch den Kampf der Massen abgerungen, die von solchen Menschen wie Babuschkin geführt wurden.

Ohne solche Menschen würde das russische Volk für ewig ein Volk von Sklaven, ein Volk von Knechten bleiben. Mit solchen Menschen wird sich das russische Volk die völlige Befreiung von jeglicher Ausbeutung erkämpfen.

Zum fünften Mal jährt sich der Tag des Dezemberaufstands von 1905. Wir wollen diesen Jahrestag begehen, indem wir der fortgeschrittenen Arbeiter gedenken, die im Kampf gegen den Feind gefallen sind. Wir wenden uns an die Genossen Arbeiter mit der Bitte, Erinnerungen über den damaligen Kampf und zusätzliche Angaben über Babuschkin wie auch über andere während des Aufstands von 1905 gefallene sozialdemokratische Arbeiter zu sammeln und uns zu übersenden. Wir beabsichtigen, eine Broschüre mit Lebensbeschreibungen solcher Arbeiter herauszugeben. Eine solche

Broschüre wird die beste Antwort an alle Kleingläubigen und an all diejenigen sein, die die Bedeutung der Sozialdemokratischen Arbeiterpartei Russlands herabmindern. Eine solche Broschüre wird die beste Lektüre für junge Arbeiter sein, die aus ihr lernen werden, wie jeder klassenbewusste Arbeiter leben und wirken muss.

»Rabotschaja Gaseta« Nr. 2,
18. [31.] Dezember 1910.

Nach dem Text der
»Rabotschaja Gaseta«.

Lenin (1910/1962).

GESCHICHTE DER KPDSU(B): KAPITEL IV

Unterkapitel II: Der Leninsche Plan des Aufbaus der marxistischen Partei · Der Opportunismus der »Ökonomisten« · Der Kampf der »Iskra« für den Leninschen Plan · Lenins Werk »Was tun?« · Die ideologischen Grundlagen der marxistischen Partei

Ungeachtet des im Jahre 1898 abgehaltenen I. Parteitags der Sozialdemokratischen Partei Russlands, der die Gründung der Partei verkündet hatte, war die Partei doch nicht geschaffen. Es gab kein Programm und kein Statut der Partei. Das auf dem I. Parteitag gewählte Zentralkomitee der Partei war verhaftet worden und wurde nicht mehr erneuert, weil niemand da war, um es zu erneuern. Mehr noch, nach dem I. Parteitag hatten sich die ideologische Zerfahrenheit und die organisatorische Zersplitterung der Partei noch gesteigert.

Waren die Jahre 1884–1894 eine Periode des Sieges über die Volkstümlerrichtung und der ideologischen Vorbereitung der Sozialdemokratie, und die Jahre 1894–1898 eine Periode des allerdings misslungenen Versuches, aus einzelnen marxistischen Organisationen eine sozialdemokratische Partei zu schaffen, so wurde die Periode nach 1898 zu einer Periode der Steigerung des ideologischen und organisatorischen Wirrwarrs in der Partei. Der Sieg des Marxismus über die Volkstümlerrichtung sowie die revolutionären Aktionen der Arbeiterklasse erhöhten die Sympathien der revolutionären Jugend für den Marxismus, da sie gezeigt hatten, dass die Marxisten recht haben. Der Marxismus wurde Mode. Das hatte zur Folge, dass in die marxistischen Organisationen ganze Massen der revolutionären Jugend aus den Kreisen der Intelligenz strömten, die in der Theorie schwach, in organisatorischer und politischer Hinsicht unerfahren waren; sie hatten nur eine nebelhafte, größtenteils unrichtige Vorstellung vom Marxismus, die sie aus den opportunistischen Schreibereien der »legalen Marxisten« schöpften, von denen die Presse voll war. Dies führte zu einer Senkung des theoretischen und politischen Niveaus der marxistischen Organisationen, trug »legal-marxistische« opportunistische Stimmungen in sie hinein, steigerte die ideologische Zerfahrenheit, die politischen Schwankungen und den organisatorischen Wirrwarr.

Der wachsende Aufschwung der Arbeiterbewegung und die offenkundige Tatsache, dass die Revolution nahe war, erforderten die Schaffung einer einheitlichen zentralisierten Partei der Arbeiterklasse, die zur Leitung der revolutionären Bewegung fähig wäre. Die örtlichen Parteiorgane, die Ortskomitees, die Gruppen und Zirkel befanden sich jedoch in einem so trostlosen Zustand, ihre organisatorische Zusammenhanglosigkeit und ihre ideologischen Unstimmigkeiten waren so groß, dass die Aufgabe der Schaffung einer solchen Partei auf unglaubliche Schwierigkeiten stieß.

Die Schwierigkeiten bestanden nicht allein darin, dass man die Partei unter den unausgesetzten brutalen Verfolgungen des Zarismus aufbauen musste, der den Reihen der Organisationen immer wieder die besten Kräfte entriss und sie in die Verbannung schickte, in Gefängnisse und Zuchthäuser warf. Die Schwierigkeiten bestanden auch darin, dass ein bedeutender Teil der Ortskomitees und ihrer Funktionäre nicht über ihre örtliche praktische Kleinarbeit hinausblicken wollten, dass sie nicht begriffen, wie schädlich das Fehlen der organisatorischen und ideologischen Einheit der Partei war, dass sie sich an die Zersplitterung der Partei, an den ideologischen Wirrwarr in der Partei gewöhnten und der Meinung waren, man könne ohne eine einheitliche zentralisierte Partei auskommen.

Um eine zentralisierte Partei zu schaffen, mussten diese Rückständigkeit, die Trägheit und der enge Praktizismus der örtlichen Organe überwunden werden.

Aber nicht allein das. In der Partei bestand eine ziemlich zahlreiche Gruppe von Leuten, die ihre Presseorgane hatten – »Rabotschaja Mysl [Arbeitergedanke]« in Russland und »Rabotscheje Djelo [Arbeitersache]« im Auslande –, eine Gruppe, die bestrebt war, die organisatorische Zersplitterung und ideologische Zerfahrenheit in der Partei theoretisch zu rechtfertigen, ja sogar nicht selten zu verherrlichen. Diese Gruppe vertrat die Ansicht, dass die Aufgabe der Schaffung einer einheitlichen zentralisierten politischen Partei der Arbeiterklasse eine unnötige und ausgeklügelte Aufgabe sei.

Das waren die »Ökonomisten« und ihre Anhänger.

Um eine einheitliche politische Partei des Proletariats zu schaffen, musste man vor allem die »Ökonomisten« schlagen.

Die Erfüllung dieser Aufgaben und den Aufbau der Partei der Arbeiterklasse nahm Lenin in Angriff.

Über die Frage, womit der Aufbau der einheitlichen Partei der Arbeiterklasse zu beginnen sei, bestanden verschiedene Meinungen. Manche meinten, dass man den Aufbau der Partei mit der Einberufung des II. Parteitags beginnen müsse, der sowohl die Ortsorganisationen vereinigen als auch die Partei schaffen werde. Lenin war gegen diese Meinung. Er war der Auffassung, man müsse vor der Einberufung des Parteitags die Frage der Ziele und Aufgaben der Partei klarstellen, man müsse wissen, was für eine Partei man aufbauen wolle, man müsse sich von den »Ökonomisten« ideologisch abgrenzen, man müsse der Partei offen und ehrlich sagen, dass über die Ziele und Aufgaben der Partei zwei verschiedene Meinungen bestehen, die Meinung der »Ökonomisten« und die Meinung der revolutionären Sozialdemokraten, man müsse eine umfassende Pressepropaganda für die Anschauungen der revolutionären Sozialdemokratie durchführen, ebenso wie sie von den »Ökonomisten« in ihrer Presse für ihre Anschauungen betrieben wird, man müsse den Ortsorganisationen die Möglichkeit geben, zwischen diesen beiden Strömungen bewusst ihre Wahl zu treffen. Erst nach dieser notwendigen Vorarbeit könne der Parteitag einberufen werden.

Lenin (1902/1955) sagte geradeheraus:

»Bevor man sich vereinigt und um sich zu vereinigen, muss man sich zuerst entschieden und bestimmt voneinander abgrenzen« (S.377).

Demzufolge war Lenin der Auffassung, dass man den Aufbau der politischen Partei der Arbeiterklasse beginnen muss mit der Organisierung einer gesamtrussischen politischen Kampfzeitung, die für die Anschauungen der revolutionären Sozialdemokratie Propaganda und Agitation betreibt, dass die Schaffung einer solchen Zeitung der erste Schritt im Aufbau der Partei sein muss.

Lenin entwarf in seinem bekannten Aufsatz »Womit beginnen?« einen konkreten Plan des Aufbaus der Partei, der später in seinem berühmten Werke »Was tun?« entwickelt wurde.

»Unserer Meinung nach«, sagte Lenin (1901/1955) in diesem Aufsatz, »muss der Ausgangspunkt der Tätigkeit, der erste praktische Schritt zur Schaffung der gewünschten Organisation, schließlich der Leitfaden, anhand dessen wir diese Organisation unbeirrt entwickeln, vertiefen und erweitern könnten – die Schaffung einer gesamtrussischen politischen Zeitung sein.…[O]hne sie ist jene systematische Durchführung einer prinzipienfesten und allseitigen Propaganda und Agitation unmöglich, die die ständige und wichtigste Aufgabe der Sozialdemokratie im Allgemeinen und eine besonders dringliche Aufgabe des gegenwärtigen Moments darstellt, wo das Interesse für Politik, für Fragen des Sozialismus in den breitesten Bevölkerungsschichten wach geworden ist« (S.9).

Lenin war der Auffassung, dass eine solche Zeitung nicht nur ein Mittel zum ideologischen Zusammenschluss der Partei, sondern auch ein Mittel zur organisatorischen Vereinigung der Ortsorganisationen zu einer Partei sein werde. Das Netz von Vertrauensleuten und Korrespondenten einer solchen Zeitung, die Vertreter der Ortsorganisationen sind, wird als Gerippe dienen, um das die Partei organisatorisch zusammengefügt wird. Denn Lenin sagte »[d]ie Zeitung ist nicht nur ein kollektiver Propagandist und kollektiver Agitator, sondern auch ein kollektiver Organisator« (S.11).

»Dieses Netz von Vertrauensleuten[7]«, sagte Lenin in demselben Aufsatz, »wird das Gerippe gerade einer sol-

---

[7] Selbstverständlich könnten solche Vertrauensleute nur unter der Bedingung engster Fühlung mit den örtlichen Komitees (Gruppen, Zirkeln) unserer Partei erfolgreich arbeiten, überhaupt kann ja der ganze von uns entworfene Plan, natürlich nur bei aktivster Unterstützung durch die Komitees verwirklicht werden, die schon mehrfach Schritte zum Zusammenschluss der Partei getan haben und die – davon sind wir überzeugt – diesen Zusammenschluss, wenn nicht heute, dann morgen, wenn nicht in dieser, dann in einer anderen Form, durchsetzen werden.

chen Organisation bilden, wie wir sie brauchen: genügend groß, um das ganze Land zu erfassen; genügend breit und vielseitig, um eine strenge und detaillierte Arbeitsteilung durchzuführen; genügend standhaft, um unter allen Umständen, bei allen »Wendungen« und Überraschungen ihre *eigene* Arbeit unbeirrt zu leisten; genügend elastisch, um zu verstehen, einerseits einer offenen Feldschlacht gegen einen an Kraft überlegenen Feind auszuweichen, wenn er alle seine Kräfte an einem Punkt gesammelt hat, und anderseits die Schwerfälligkeit dieses Feindes auszunutzen und ihn dann und dort anzugreifen, wo der Angriff am wenigsten erwartet wird« (S. 11–12).

Eine solche Zeitung müsse die »Iskra« sein.

Und in der Tat, die »Iskra« wurde eben zu einer solchen gesamt-russischen politischen Zeitung, die den ideologischen und organisatorischen Zusammenschluss der Partei vorbereitete.

Was die Struktur und Zusammensetzung der Partei selbst betrifft, so war Lenin der Auffassung, dass die Partei aus zwei Teilen bestehen muss: a) aus einem engen Kreise ständiger leitender Kaderarbeiter, dem hauptsächlich Berufsrevolutionäre angehören sollen, das heißt Parteiarbeiter, die von allen anderen Arbeiten, außer der Parteiarbeit, befreit sind, die über das nötige Mindestmaß theoretischer Kenntnisse, politischer Erfahrung, organisatorischer Fertigkeiten und über ein Mindestmaß der Kunst verfügen, den Kampf gegen die zaristische Polizei zu führen, der Kunst, sich vor der Polizei zu verbergen, und b) aus einem weitverzweigten Netz von Peripherie-Parteiorganisationen, aus einer zahlreichen Masse von Parteimitgliedern, die von der Sympathie Hunderttausender von Werktätigen umgeben sind und von ihnen unterstützt werden.

»Und nun behaupte ich:«, schrieb Lenin (1902/1955), »Keine einzige revolutionäre Bewegung kann ohne eine stabile und die Kontinuität wahrende Führerorganisation Bestand haben; 2. je breiter die Masse ist, die spontan in den Kampf hineingezogen wird…, umso dringender ist die Notwendigkeit einer solchen Organisation und umso fester muss diese Organisation sein…; 3. eine solche Organisation muss hauptsächlich aus Leuten bestehen, die sich berufsmäßig mit revolutionärer Tätigkeit befassen; 4. je mehr wir die Mitgliedschaft einer solchen Organisation *einengen,* und zwar so weit, dass sich an der Organisation nur diejenigen Mitglieder beteiligen, die sich berufsmäßig mit revolutionärer Tätigkeit befassen und in der Kunst des Kampfes gegen die politische Polizei berufsmäßig geschult sind, umso schwieriger wird es in einem autokratischen Lande sein, eine solche Organisation ›zu schnappen‹, und 5. umso *breiter* wird der Kreis der Personen aus der Arbeiterklasse und aus den übrigen Gesellschaftsklassen sein, die die Möglichkeit haben werden, an der Bewegung teilzunehmen und sich in ihr aktiv zu betätigen« (S.480–481).

Was den Charakter der zu schaffenden Partei und die Rolle der Partei in ihrem Verhältnis zur Arbeiterklasse sowie die Ziele und Aufgaben der Partei betrifft, so war Lenin der Auffassung, dass die Partei der Vortrupp der Arbeiterklasse, dass sie die führende Kraft der Arbeiterbewegung sein muss, die den Klassenkampf des Proletariats vereinigt und lenkt. Das Endziel der Partei ist der Sturz des Kapitalismus und die Errichtung des Sozialismus. Das nächste Ziel ist der Sturz des Zarismus und die Herbeiführung demokratischer Zustände. Und da der Sturz des Kapitalismus ohne den vorhergehenden Sturz des Zarismus unmöglich ist, so besteht die Hauptaufgabe der Partei im gegenwärtigen Moment darin, die Arbeiterklasse, das ganze Volk gegen den Zarismus in den Kampf zu führen, eine revolutionäre Volksbewegung gegen den Zarismus zu entfalten, den Zarismus niederzuwerfen als das erste, ernsthafte Hindernis auf dem Wege zum Sozialismus.

»Die Geschichte hat uns jetzt die nächste Aufgabe gestellt«, sagte Lenin, »welche die *revolutionärste* von allen *nächsten* Aufgaben des Proletariats irgendeines anderen Landes ist. Die Verwirklichung dieser Aufgabe, die Zerstörung des mächtigsten Bollwerks nicht nur der europäischen, sondern (wir können jetzt sagen) auch der asiatischen Reaktion, würde das russische Proletariat zur Avantgarde des internationalen revolutionären Proletariats machen« (S.383).

Und ferner:

»Wir dürfen nicht vergessen, dass der Kampf gegen die Regierung um einzelne Forderungen, die Erkämpfung einzelner Zugeständnisse, nur kleine Scharmützel mit dem Feinde, kleine Vorpostengefechte sind und dass der entscheidende Kampf noch bevorsteht. Vor uns liegt in ihrer ganzen Stärke eine feindliche Festung, aus der man uns mit einem Hagel von Kugeln und Kartätschen überschüttet, die uns die besten Kämpfer entreißen. Wir müssen diese Festung nehmen, und wir werden sie nehmen, wenn wir alle Kräfte des erwachenden Proletariats mit allen Kräften der russischen Revolutionäre zu *einer* Partei vereinigen, zu der alles hinstreben wird, was es in Russland an Lebendigem und Ehrlichem gibt. Und erst dann wird die große Prophezeiung des russischen Arbeiterrevolutionärs Pjotr Alexejew[10] in Erfüllung gehen: ›Die Millionenmasse des Arbeitervolks wird ihren muskulösen Arm erheben, und das von Soldatenbajonetten gestützte Joch der Despotie wird in Staub zerfallen!«« (1900/1955, S.370).

Das war der Leninsche Plan für die Schaffung der Partei der Arbeiterklasse unter den Bedingungen des zaristischen absolutistischen Russlands.

Die »Ökonomisten« zögerten nicht, gegen den Leninschen Plan das Feuer zu eröffnen.

Die »Ökonomisten« behaupteten, dass der allgemeinpolitische Kampf gegen den Zarismus die Sache aller Klassen sei, vor allem die Sache der Bourgeoisie, dass er infolgedessen für die Arbeiterklasse von keinem ernsthaften Interesse sei, denn das Hauptinteresse der Arbeiter sei der wirtschaftliche Kampf gegen die Unternehmer für Lohnerhöhung, Verbesserung der Arbeitsbedingungen usw. Deswegen sollten sich die Sozialdemokraten nicht den politischen Kampf gegen den Zarismus, nicht den Sturz des Zarismus als nächste Hauptaufgabe stellen, sondern die Organisierung »des wirtschaftlichen Kampfes der Arbeiter gegen die Unternehmer und die Regierung«, wobei unter wirtschaftlichem Kampf gegen die Regierung der Kampf für die Verbesserung der Fabrikgesetzgebung gemeint war. Die »Ökonomisten« versicherten, dass man auf diese Weise »dem wirtschaftlichen Kampf selbst politischen Charakter verleihen« könnte.

Die »Ökonomisten« wagten nicht mehr, die Notwendigkeit einer politischen Partei für die Arbeiterklasse formal zu bestreiten. Sie waren aber der Auffassung, dass die Partei nicht die führende Kraft der Arbeiterbewegung sein soll, dass sie sich nicht in die spontane Bewegung der Arbeiterklasse einzumischen und noch weniger sie zu führen habe, sondern dass sie ihr zu folgen, sie zu studieren und aus ihr Lehren zu ziehen habe.

Die »Ökonomisten« behaupteten weiter, dass die Rolle des bewussten Elements in der Arbeiterbewegung, die organisierende und lenkende Rolle des sozialistischen Bewusstseins, der sozialistischen Theorie belanglos oder fast belanglos sei, dass die Sozialdemokratie die Arbeiterschaft nicht auf das Niveau des sozialistischen Bewusstseins emporzuheben, sondern im Gegenteil, sich selbst dem Niveau der mittleren oder sogar noch rückständigerer Schichten der Arbeiterklasse anzupassen habe und auf dieses Niveau hinabsteigen müsse, dass die Sozialdemokratie, nicht das sozialistische Bewusstsein in die Arbeiterklasse hineinzutragen, sondern abzuwarten habe, bis die spontane Bewegung der Arbeiterklasse selbst das sozialistische Bewusstsein mit ihren eigenen Kräften herausbildet.

Was den Leninschen Organisationsplan des Aufbaus der Partei betrifft, so betrachteten sie diesen Plan als eine Art Vergewaltigung der spontanen Bewegung.

Lenin führte in den Spalten der »Iskra« und insbesondere in seinem berühmten Buch »Was tun?« vernichtende Schläge gegen diese opportunistische Philosophie der »Ökonomisten« und ließ von ihr keinen Stein auf dem andern.

1. Lenin zeigte, dass die Ablenkung der Arbeiterklasse vom allgemeinpolitischen Kampf gegen den Zarismus und die Beschränkung ihrer Aufgaben auf den wirtschaftlichen Kampf gegen die Unternehmer und die Regierung, wobei man sowohl die Unternehmer als auch die Regierung unversehrt lässt, nichts anderes bedeuten, als die Arbeiter zu ewiger Sklaverei zu verurteilen. Der wirtschaftliche Kampf der Arbeiter gegen die Unternehmer und die Regierung ist ein trade-unionistischer Kampf für bessere Bedingungen des Verkaufs der Arbeitskraft an die Kapitalisten, die Arbeiter wollen aber nicht nur für bessere Bedingungen des Verkaufs ihrer Arbeitskraft an die Kapitalisten kämpfen, sondern auch für die Beseitigung des kapitalistischen Systems selbst, das sie dazu verdammt, ihre Arbeitskraft an die Kapitalisten verkaufen zu müssen und sich ausbeuten zu lassen. Die Arbeiter

können aber den Kampf gegen den Kapitalismus, den Kampf für den Sozialismus nicht entfalten, solange der Zarismus, der Kettenhund des Kapitalismus, der Arbeiterbewegung im Wege steht. Daher besteht die nächste Aufgabe der Partei und der Arbeiterklasse darin, den Zarismus aus dem Wege zu räumen und dadurch den Weg zum Sozialismus zu bahnen.

2. Lenin zeigte, dass die Verherrlichung des spontanen Prozesses der Arbeiterbewegung und die Verneinung der führenden Rolle der Partei, die Beschränkung ihrer Rolle auf die eines Registrators der Ereignisse, nichts anderes bedeutet, als »Nachtrabpolitik« (»Chwostismus«) zu predigen, die Verwandlung der Partei in einen Nachtrab des spontanen Prozesses zu propagieren, in eine passive Kraft der Bewegung, zu nichts anderem fähig, als dem spontanen Prozess zuzusehen und sich auf den Lauf der Dinge zu verlassen. Eine solche Propaganda betreiben, bedeutet, auf die Vernichtung der Partei hinarbeiten, das heißt die Arbeiterklasse ohne Partei belassen, das heißt die Arbeiterklasse ungerüstet lassen. Aber die Arbeiterklasse ungerüstet lassen – zu einer Zeit, wo sie solchen Feinden gegenübersteht wie dem mit allen Kampfmitteln bewaffneten Zarismus und der auf moderne Art organisierten Bourgeoisie, die ihre Partei hat, die den Kampf gegen die Arbeiterklasse leitet – heißt die Arbeiterklasse verraten.

3. Lenin zeigte, dass die Anbetung der Spontaneität der Arbeiterbewegung und die Herabminderung der Rolle der Bewusstheit, die Herabminderung der Rolle des sozialistischen Bewusstseins, der sozialistischen Theorie, nichts anderes bedeutet, als erstens, die Arbeiter, die sich zur Bewusstheit wie zum Licht hingezogen fühlen, zu verhöhnen, zweitens, die Theorie in den Augen der Partei zu entwerten, das heißt jene Waffe zu entwerten, mit deren Hilfe sie die Gegenwart erkennt und die Zukunft voraussieht, und drittens, völlig und endgültig in den Sumpf des Opportunismus hinabzusinken.

»Ohne revolutionäre Theorie«, sagte Lenin (1902/1955), »kann es auch keine revolutionäre Bewegung geben...*die Rolle des Vorkämpfers nur eine Partei erfüllen kann, die von einer fortgeschrittenen Theorie geleitet wird*« (S.379–380).

4. Lenin zeigte, dass die »Ökonomisten« die Arbeiterklasse dadurch betrügen, dass sie behaupten, die sozialistische Ideologie könne der spontanen Bewegung der Arbeiterklasse entspringen, denn in Wirklichkeit entspringt die sozialistische Ideologie nicht der spontanen Bewegung, sondern der Wissenschaft. Dadurch, dass die »Ökonomisten« die Notwendigkeit verneinen, das sozialistische Bewusstsein in die Arbeiterklasse hineinzutragen, machen sie der bürgerlichen Ideologie den Weg frei, erleichtern sie es, diese Ideologie in die Arbeiterklasse hineinzutragen und in ihr zu verwurzeln – folglich begraben sie die Idee der Vereinigung der Arbeiterbewegung mit dem Sozialismus, helfen sie der Bourgeoisie.

»[J]ede Anbetung der Spontaneität der Arbeiterbewegung«, sagte Lenin, »jede Herabminderung der Rolle des ›bewussten Elements‹, der Rolle der Sozialdemokratie, zugleich – *ganz unabhängig davon, ob derjenige, der diese Holle herabmindert, das wünscht oder nicht – die Stärkung des Einflusses der bürgerlichen Ideologie auf die Arbeiter bedeutet*« (S.394).

Und ferner:

»[D]ie Frage [kann] *nur so* stehen: bürgerliche oder sozialistische Ideologie. Ein Mittelding gibt es hier nicht... Darum bedeutet *jede* Herabminderung der sozialistischen Ideologie, *jedes Abschwenken* von ihr zugleich eine Stärkung der bürgerlichen Ideologie« (S.396).

5. Alle diese Fehler der »Ökonomisten« zusammenfassend, kam Lenin zu der Schlussfolgerung, dass die »Ökonomisten« keine Partei der sozialen Revolution, die die Arbeiterklasse vom Kapitalismus befreit, sondern eine Partei »sozialer Reformen« haben wollen, die die Aufrechterhaltung der Herrschaft des Kapitalismus voraussetzt, dass die »Ökonomisten« infolgedessen Reformisten sind, die die ureigensten Interessen des Proletariats verraten.

6. Lenin zeigte schließlich, dass der »Ökonomismus« keine zufällige Erscheinung in Russland ist, dass die »Ökonomisten« Schrittmacher des bürgerlichen Einflusses in der Arbeiterklasse sind, dass sie in den westeuropäischen sozialdemokratischen Parteien Bundesgenossen in Gestalt der Revisionisten, der Anhänger des Opportunisten Bernstein, haben. Im Westen erstarkte in der Sozialdemokratie immer mehr eine opportunistische Strömung, die unter der Flagge der »Freiheit der Kritik« an Marx auftrat, die eine »Revision«, das heißt Überprüfung der Marxschen Lehre forderte (daher der Name »Revisionismus«), die den Verzicht auf die Revolution, auf den Sozialismus, auf die Diktatur des Proletariats forderte. Lenin zeigte, dass die russischen »Ökonomisten« dieselbe Linie des Verzichts auf den revolutionären Kampf, auf den Sozialismus, auf die Diktatur des Proletariats befolgten.

Das sind die grundlegenden theoretischen Leitsätze, die Lenin in seinem Werke »Was tun?« entwickelte.

Die Verbreitung des Werkes »Was tun?« führte dazu, dass ein Jahr nach seinem Erscheinen (es wurde im März 1902 herausgegeben), um die Zeit des II. Parteitags der Sozialdemokratischen Partei Russlands, von den ideologischen Positionen des »Ökonomismus« nur noch eine unangenehme Erinnerung übriggeblieben war und dass die Bezeichnung »Ökonomist« von den meisten Parteiarbeitern als Beleidigung aufgefasst wurde.

Das war die völlige ideologische Zertrümmerung des

»Ökonomismus«, eine Zertrümmerung der Ideologie des Opportunismus, der Nachtrabpolitik, der Spontaneität.

Aber die Bedeutung des Werkes Lenins »Was tun?« beschränkt sich nicht allein darauf.

Die historische Bedeutung des Werkes »Was tun?« besteht darin, dass Lenin in diesem seinem berühmten Buche:

1. als erster in der Geschichte des marxistischen Denkens die ideologischen Quellen des Opportunismus bis auf den Grund bloßlegte, indem er aufzeigte, dass sie vor. allem in der Anbetung der Spontaneität der Arbeiterbewegung und in der Herabminderung der Rolle des sozialistischen Bewusstseins in der Arbeiterbewegung bestehen;

2. die Bedeutung der Theorie, der Bewusstheit, die Bedeutung der Partei als der revolutionierenden und führenden Kraft der spontanen Arbeiterbewegung in all ihrer Größe hervorhob;

3. den grundlegenden marxistischen Leitsatz, dass die marxistische Partei die Vereinigung der Arbeiterbewegung mit dem Sozialismus darstellt, in glänzender Weise begründete;

4. die ideologischen Grundlagen der marxistischen Partei genial ausarbeitete.

Die theoretischen Leitsätze, die in dem Werke »Was tun?« entwickelt wurden, bildeten später die Grundlage der Ideologie der bolschewistischen Partei.

Mit einem solchen theoretischen Reichtum ausgerüstet, konnte die »Iskra« in der Tat eine breite Kampagne für den Leninschen Plan des Aufbaus der Partei, für die Sammlung der Kräfte der Partei, für den II. Parteitag, für die revolutionäre Sozialdemokratie, gegen die »Ökonomisten«, gegen alle und jegliche Opportunisten, gegen die Revisionisten entfalten.

Die wichtigste Aufgabe der »Iskra« bestand in der Ausarbeitung eines Entwurfs für das Parteiprogramm. Das

Programm der Arbeiterpartei bildet bekanntlich eine kurzgefasste, wissenschaftlich formulierte Darlegung der Ziele und Aufgaben des Kampfes der Arbeiterklasse. Das Programm setzt sowohl das Endziel der revolutionären Bewegung des Proletariats fest als auch die, Forderungen, für die die Partei auf dem Wege zum Endziel kämpft. Deshalb war die Ausarbeitung des Programmentwurfs von überragender Bedeutung.

Während der Ausarbeitung des Programmentwurfs entstanden innerhalb der Redaktion der »Iskra« ernste Meinungsverschiedenheiten zwischen Lenin und Plechanow sowie anderen Redaktionsmitgliedern. Diese Meinungsverschiedenheiten und Auseinandersetzungen führten fast zum völligen Bruch zwischen Lenin und Plechanow. Zum Bruch kam es aber damals noch nicht. Lenin setzte durch, dass in den Programmentwurf der höchst wichtige Punkt über die Diktatur des Proletariats aufgenommen und auf die führende Rolle der Arbeiterklasse in der Revolution klar hingewiesen wurde.

Von Lenin stammt auch der ganze Agrarteil des Parteiprogramms. Lenin trat schon damals für die Nationalisierung des Bodens ein, in der ersten Kampfetappe hielt er es jedoch für notwendig, die Forderung nach Rückgabe der Boden»abschnitte« (»Otreski«) an die Bauern aufzustellen, das heißt jener Bodenstücke, die die Gutsbesitzer bei der »Bauernbefreiung« vom bäuerlichen Boden abgeschnitten hatten. Gegen die Nationalisierung des Bodens trat Plechanow auf.

Lenins Auseinandersetzungen mit Plechanow in der Frage des Parteiprogramms waren zum Teil für die künftigen Meinungsverschiedenheiten zwischen Bolschewiki und Menschewiki bestimmend.

Unterkapitel III: Der II. Parteitag der Sozialdemokratischen Arbeiterpartei Russlands Die Annahme des Programms und des Statuts und die Schaffung einer einheitlichen Partei · Die Meinungsverschiedenheiten auf dem Parteitag und die Entstehung zweier Strömungen in der Partei: der bolschewistischen und der menschewistischen

Somit hatten der Sieg der Leninschen Prinzipien und der erfolgreiche Kampf der »Iskra« für den Leninschen Organisationsplan alle grundlegenden Bedingungen vorbereitet, die notwendig waren, um eine Partei zu schaffen oder – wie man damals sagte – eine wirkliche Partei zu schaffen. Die »Iskra«-Richtung hatte in den sozialdemokratischen Organisationen in Russland den Sieg davongetragen. Jetzt konnte man den II. Parteitag einberufen.

Am 17. [30.] Juli 1903 wurde der II. Parteitag der SDAPR eröffnet. Der Parteitag trat im Auslande geheim zusammen. Zuerst fanden die Sitzungen in Brüssel statt. Dann forderte jedoch die belgische Polizei die Parteitagsdelegierten auf, Belgien zu verlassen. Der Parteitag wurde daraufhin nach London verlegt.

Zum Parteitag trafen insgesamt 43 Delegierte von 26 Organisationen ein. Jedes Komitee hatte das Recht, zwei Delegierte zum Parteitag zu entsenden, manche Komitees entsandten jedoch nur einen Delegierten. Auf diese Weise hatten die 43 Delegierten 51 beschließende Stimmen.

Die Hauptaufgabe des Parteitags bestand »[i]n der Schaffung einer *wirklichen* Partei auf jenen prinzipiellen und organisatorischen Grundlagen, die von der ›Iskra‹ vorgeschlagen und ausgearbeitet worden waren« (Lenin, 1904/1973, S. 205).

Die Zusammensetzung des Parteitags war nicht gleichartig. Die offenkundigen »Ökonomisten« waren infolge der Niederlage, die sie erlitten hatten, auf dem Parteitag nicht vertreten. Seitdem jedoch hatten sich die »Ökonomisten« so geschickt verstellt, dass es ihnen gelang, einige Delegierte durchzuschmuggeln. Außerdem unterschieden sich die Delegierten des »Bund« nur in Worten von den »Ökonomisten«, in Wirklichkeit waren sie jedoch für die »Ökonomisten«.

Auf dem Parteitag waren somit nicht nur Anhänger, sondern auch Gegner der »Iskra« anwesend. Anhänger der »Iskra« gab es 33, sie hatten also die Mehrheit. Aber nicht alle, die sich zu den »Iskra«-Leuten zählten, waren wirkliche »Iskra«-Leute, Leninisten. Die Delegierten zerfielen in einige Gruppierungen. Die Anhänger Lenins oder die standhaften »Iskra«-Leute hatten 24 Stimmen, 9 »Iskra«-Leute gingen mit Martow. Das waren die unbeständigen »Iskra«-Leute. Ein Teil der Delegierten schwankte zwischen der »Iskra« und deren Gegnern; diese Delegierten hatten auf dem Parteitag 10 Stimmen. Das war das Zentrum. Die offenen Gegner der »Iskra« hatten 8 Stimmen (5 »Ökonomisten« und 5 Bundisten). Es genügte, dass sich die »Iskra«-Leute spalteten, und die Feinde der »Iskra« konnten die Oberhand gewinnen.

Hieraus ist zu ersehen, wie kompliziert die Situation auf dem Parteitag war. Lenin wandte viel Kraft auf, um den Sieg der »Iskra« auf dem Parteitag sicherzustellen.

Die wichtigste Angelegenheit des Parteitags war die Annahme des Parteiprogramms. Die Hauptfrage, die bei der Erörterung des Programms bei dem opportunistischen Teil des Parteitags auf Einwände stieß, war die Frage der Diktatur des Proletariats. Die Opportunisten waren auch in einer Reihe anderer Programmfragen mit dem revolutionären Teil des Parteitags nicht einverstanden. Sie entschlossen sich jedoch, hauptsächlich in der Frage der Diktatur des Proletariats eine Schlacht zu liefern, wobei sie sich darauf beriefen, dass eine Reihe sozialdemokratischer Parteien des Auslands keinen

Punkt über die Diktatur des Proletariats in ihrem Programm habe und dass man ihn daher auch nicht in das Programm der Sozialdemokratie Russlands aufzunehmen brauche.

Die Opportunisten erhoben auch Einwände gegen die Aufnahme von Forderungen zur Bauernfrage in das Parteiprogramm. Diese Leute wollten nicht die Revolution, deshalb verhielten sie sich dem Bundesgenossen der Arbeiterklasse, der Bauernschaft, gegenüber fremd und feindselig.

Die Bundisten und die polnischen Sozialdemokraten erhoben Einwände gegen das Recht der Nationen auf Selbstbestimmung. Lenin lehrte stets, dass die Arbeiterklasse verpflichtet ist, gegen die nationale Unterdrückung zu kämpfen. Einwände gegen diese Programmforderung waren gleichbedeutend mit dem Vorschlag, auf den proletarischen Internationalismus zu verzichten, zum Helfershelfer der nationalen Unterdrückung zu werden.

Lenin führte einen vernichtenden Schlag gegen alle diese Einwände.

Der Parteitag nahm das von der »Iskra« vorgeschlagene Programm an. Dieses Programm bestand aus zwei Teilen: aus dem Maximalprogramm und dem Minimalprogramm. Im Maximalprogramm wurde von der Hauptaufgabe der Partei der Arbeiterklasse gesprochen: von der sozialistischen Revolution, vom Sturz der Macht der Kapitalisten, von der Errichtung der Diktatur des Proletariats. Im Minimalprogramm wurde von den nächsten Aufgaben der Partei gesprochen, die noch vor dem Sturz der kapitalistischen Ordnung, vor der Errichtung der Diktatur des Proletariats durchzuführen sind: vom Sturz der zaristischen Selbstherrschaft, von der Errichtung der demokratischen Republik, von der Einführung des achtstündigen Arbeitstags für die Arbeiter, von der Liquidierung aller Überreste der Leibeigenschaft auf dem Lande, von der Rückgabe des Bodens an die Bauern, den ihnen die Gutsbesitzer geraubt hatten (der Boden«abschnitte«, der

»Otreski«).

Später ersetzten die Bolschewiki die Forderung nach Rückgabe der Boden»abschnitte« durch die Forderung nach Konfiskation des gesamten Bodens der Gutsbesitzer.

Das auf dem II. Parteitag angenommene Programm war ein revolutionäres Programm der Partei der Arbeiterklasse.

Es bestand bis zum VIII. Parteitag, als unsere Partei nach dem Siege der proletarischen Revolution ein neues Programm annahm.

Nach Annahme des Programms schritt der II. Parteitag zur Erörterung des Entwurfs des Parteistatuts. Nachdem der Parteitag das Programm angenommen und die Grundlage der ideologischen Vereinigung der Partei geschaffen hatte, musste er auch ein Parteistatut annehmen, um der Handwerklerei und dem Zirkelwesen, der organisatorischen Zersplitterung und dem Fehlen einer straffen Disziplin in der Partei ein Ende zu bereiten.

War jedoch die Annahme des Programms verhältnismäßig glatt verlaufen, so löste die Frage des Parteistatuts auf dem Parteitag heftige Auseinandersetzungen aus. Die schärfsten Meinungsverschiedenheiten kamen wegen der Formulierung des ersten Paragraphen des Statuts, über die Parteimitgliedschaft, zum Ausbruch. Wer Mitglied der Partei sein kann, wie die Zusammensetzung der Partei sein soll, was die Partei in organisatorischer Beziehung darstellen soll – ein organisiertes Ganzes oder irgendetwas Ungeformtes –, das waren die Fragen, die im Zusammenhang mit dem ersten Paragraphen des Statuts auftauchten. Zwei Formulierungen kämpften miteinander: die Formulierung Lenins, die von Plechanow und den standhaften »Iskra«-Leuten unterstützt wurde, und die Formulierung Martows, die von Axelrod, Sassulitsch, den unbeständigen »Iskra«-Leuten, von Trotzki und dem gesamten offen opportunistischen Teil des Parteitags unterstützt wurde.

Die Formulierung Lenins besagte, dass Mitglied der

Partei jeder sein kann, der das Parteiprogramm anerkennt, die Partei in materieller Hinsicht unterstützt und Mitglied einer ihrer Organisationen ist. Die Formulierung Martows dagegen betrachtete zwar die Anerkennung des Programms und die materielle Unterstützung der Partei als notwendige Bedingungen, um Mitglied der Partei zu sein, sah jedoch die Beteiligung an einer der Parteiorganisationen nicht als Bedingung der Parteimitgliedschaft an, da sie den Standpunkt vertrat, dass ein Parteimitglied nicht auch Mitglied einer der Parteiorganisationen zu sein brauche.

Lenin betrachtete die Partei als *organisierten* Trupp, dessen Mitglied man nicht dadurch wird, dass man sich selber zur Partei zählt, sondern dessen Mitglieder von einer der Parteiorganisationen in die Partei aufgenommen werden und sich folglich der Parteidisziplin unterwerfen, während Martow die Partei als etwas organisatorisch *Ungeformtes* betrachtete, dessen Mitglied man wird, wenn man sich selber zur Partei zählt, und dessen Mitglieder folglich nicht verpflichtet sind, sich der Parteidisziplin zu unterwerfen, da sie keiner Parteiorganisation angehören.

Somit öffnete die Formulierung Martows zum Unterschied von der Leninschen Formulierung unbeständigen, nichtproletarischen Elementen die Tore der Partei sperrangelweit. Am Vorabend der bürgerlich-demokratischen Revolution gab es unter der bürgerlichen Intelligenz Leute, die vorübergehend mit der Revolution sympathisierten. Sie konnten hin und wieder der Partei sogar einen kleinen Dienst erweisen. Diese Leute wären jedoch nicht gewillt gewesen, einer Parteiorganisation beizutreten, sich der Parteidisziplin zu unterwerfen, Parteiaufträge auszuführen und sich den damit verbundenen Gefahren auszusetzen. Und solche Leute sollten nach dem Vorschlag Martows und anderer Menschewiki als Parteimitglieder betrachtet werden, ihnen sollte das Recht und die Möglichkeit gegeben werden, auf die Parteiangelegenheiten Einfluss zu nehmen. Sie machten sogar den Vorschlag, jedem Streikenden das Recht zu geben, sich zu den Parteimitgliedern zu »zählen«, obwohl sich an den Streiks auch Nichtsozialisten, Anarchisten, Sozialrevolutionäre beteiligten.

Es ergab sich somit, dass die Martowleute an Stelle einer Kampfpartei aus einem Guss, an Stelle einer straff organisierten Partei, für die Lenin und die Leninisten auf dem Parteitag kämpften, eine buntscheckige und verschwommene, eine ungeformte Partei haben wollten, die schon deswegen keine Kampfpartei sein konnte, weil sie buntscheckig gewesen wäre und einer festen Disziplin entbehrt hätte.

Die Abspaltung der unbeständigen »Iskra«-Leute von den standhaften »Iskra«-Leuten, ihr Bündnis mit dem Zentrum und der Anschluss der offenen Opportunisten an sie, gaben Martow in dieser Frage das Übergewicht. Der Parteitag nahm mit einer Mehrheit von 28 gegen 22 Stimmen bei einer Stimmenthaltung den ersten Paragraphen des Statuts in der Martowschen Formulierung an.

Nach der Spaltung der »Iskra«-Leute in der Frage des ersten Paragraphen des Statuts verschärfte sich der Kampf auf dem Parteitag noch mehr. Der Parteitag näherte sich seinem Ende, den Wahlen der leitenden Parteiinstitutionen: der Redaktion des Zentralorgans der Partei (»Iskra«) und des Zentralkomitees. Bevor jedoch der Parteitag zu den Wahlen schritt, kam es zu einigen Ereignissen, die das Kräfteverhältnis auf dem Parteitag änderten.

Im Zusammenhang mit dem Parteistatut hatte sich der Parteitag mit dem »Bund« zu befassen. Der »Bund« erhob Anspruch auf eine Sonderstellung in der Partei. Er verlangte, dass man ihn als einzigen Vertreter der jüdischen Arbeiter in Russland anerkenne. Auf diese Forderung des »Bund« einzugehen, hätte bedeutet, die Arbeiter in den Parteiorganisationen, nach ihrer Nationalität zu trennen, auf einheitliche territoriale Klassenorganisationen der Arbeiterklasse zu verzichten. Der Parteitag lehnte den organisatorischen Nationalismus des »Bund« ab. Daraufhin verließen die Bundisten den Parteitag. Den Parteitag verließen auch zwei »Ökonomisten«, als der Parteitag es ablehnte, ihren Auslandsverband als Vertretung der Partei im Auslande anzuerkennen.

Dadurch, dass sieben Opportunisten den Parteitag verließen, veränderte sich das Kräfteverhältnis zugunsten der Leninisten.

Die Frage der Zusammensetzung der zentralen Parteiinstitutionen stand von Anfang an im Mittelpunkt der Aufmerksamkeit Lenins. Lenin hielt es für notwendig, dass in das Zentralkomitee standhafte und konsequente Revolutionäre gewählt werden. Die Martowleute strebten danach, ein Übergewicht der unbeständigen, opportunistischen Elemente im Zentralkomitee herbeizuführen. Die Mehrheit des Parteitags ging in dieser Frage mit Lenin. In das Zentralkomitee wurden Anhänger Lenins gewählt.

Auf Antrag Lenins wurden in die Redaktion der »Iskra« Lenin, Plechanow und Martow gewählt. Martow forderte auf dem Parteitag, dass alle sechs allen Redakteure der »Iskra«, deren Mehrheit aus seinen Anhängern bestand, in die Redaktion der »Iskra« gewählt werden. Der Parteitag lehnte diese Forderung mit Stimmenmehrheit ab. Gewählt wurde die von Lenin vorgeschlagene Dreiergruppe. Darauf erklärte Martow, dass er in die Redaktion des Zentralorgans nicht eintreten werde.

Somit bekräftigte der Parteitag durch seine Abstimmung in der Frage der zentralen Parteiinstitutionen die Niederlage der Anhänger Martows und den Sieg der Anhänger Lenins.

Von diesem Zeitpunkt an nannte man die Anhänger Lenins, die auf dem Parteitag bei den Wahlen die Mehrheit (russisch: Bolschinstwo) der Stimmen erhalten hatten, Bolschewiki, und die Gegner Lenins, die die Minderheit (rus-

sisch: Menschinstwo) der Stimmen erhalten hatten, nannte
man Menschewiki.

Die Ergebnisse der Arbeit des II. Parteitags zusammenfassend, können folgende Schlussfolgerungen gezogen werden:

1. der Parteitag verankerte den Sieg des Marxismus über
   den »Ökonomismus«, über den offenen Opportunismus;
2. der Parteitag nahm das Programm und das Statut an,
   schuf die sozialdemokratische Partei und fügte auf diese
   Weise den Rahmen für eine einheitliche Partei;
3. der Parteitag deckte das Vorhandensein ernster organisatorischer Meinungsverschiedenheiten auf, die die Partei
   in zwei Teile trennten, in Bolschewiki und Menschewiki, von denen die ersteren die organisatorischen Prinzipien der revolutionären Sozialdemokratie verfochten,
   die letzteren aber in den Sumpf der organisatorischen
   Verschwommenheit, in den Sumpf des Opportunismus
   hinabsanken;
4. der Parteitag zeigte, dass die Stelle der alten, bereits von
   der Partei geschlagenen Opportunisten, die Stelle der
   »Ökonomisten«, in der Partei neue Opportunisten ein-
   zunehmen begannen – die Menschewiki;
5. der Parteitag stand auf dem Gebiet der Organisations-
   fragen nicht auf der Höhe seiner Aufgaben, machte
   Schwankungen durch, gab den Menschewiki zuweilen
   sogar das Übergewicht, und obwohl zum Schluss eine
   Wendung zum Bessern eintrat, vermochte der Parteitag nicht, den Opportunismus der Menschewiki in Or-
   ganisationsfragen zu entlarven und sie in der Partei zu
   isolieren, ja, er vermochte nicht einmal der Partei diese
   Aufgabe zu stellen.

Der letztgenannte Umstand war eine der Hauptursachen, dass der Kampf zwischen Bolschewiki und Menschewiki nach dem Parteitag nicht nur nicht abflaute, sondern im Gegenteil sich noch mehr verschärfte.

ZK der KPdSU(B)
(1938/1955, S.51–57).

REGISTER

ANMERKUNGEN

[1] Alexander Grigorjewitsch Grigorenko war seit den 1930er Jahren ein russisch-sowjetischer Spezialist für politische Propaganda. Er hielt in der Allunionsgesellschaft »Wissen« eine Reihe von Vorträgen über die Gestaltung und Pflege von Wandzeitungen und über die Geschichte der KPdSU(B).

[2] Die *Allunionsgesellschaft zur Verbreitung politischer und wissenschaftlicher Kenntnisse*, kurz: *Allunionsgesellschaft »Wissen«*, wurde 1947 in der Sowjetunion gegründet. Initiatoren der Gründung der Allunionsgesellschaft waren 1947 u.a.: Konstantin Michailowitsch Simonow (Schriftsteller), G.S. Ulanowa (Primaballerina), N.G. Brujewitsch (Maschinenbauingenieur und Physiker), Qanysch Sätbajew (Geologe), Nikolos Muschelischwili (Mathematiker), Eugen Varga (Ökonom), W.J. Aboltin (Orientalist und Ökonom), J.W. Tarle (Historiker), I.I. Minz (Historiker) und S.I. Wawilow (Physiker, Präsident der Akademie der Wissenschaften der UdSSR). Der von J.M. Jaroslawski gegründete Verband der kämpfenden Gottlosen wurde im gleichen Jahr in die Allunionsgesellschaft eingegliedert. Nach dem Zerfall der Sowjetunion bestand die Allunionsgesellschaft dem Gebiet der Russischen Föderation als »Russische Gesellschaft zur Verbreitung politischer und wissenschaftlicher Kenntnisse« weiter. Im Juni 2016 hat der XVII. Kongress die Selbstauflösung aufgrund mangelnden Zulaufs beschlossen. Die danach vom russischen Präsidenten Wladimir Putin gegründete gleichnamige Gesellschaft zur Verbreitung politischer

und wissenschaftlicher Kenntnisse streitet allerdings eine Verbindung zum Namensvetter ab.

[3]   Es handelt sich um den politischen Massenstreik im Juli 1903 in Kiew. In Nr. 47 der »Iskra« vom 1. September 1903 ist diesem Streik eine umfangreiche Korrespondenz unter dem Titel »Generalstreik in Kiew« gewidmet.

[4]   Lenin bezieht sich hier auf *Iwan Wassiljewitsch Babuschkin* (1873–1906), den ohne Urteil am Bahnhof in Myssowsk erschossenen Berufsrevolutionär.

[5]   *Schelgunow, N.W.* (1824–1891) – demokratischer Schriftsteller und Publizist; arbeitete an der Zeitschrift »Sowremennik [Der Zeigenosse]« mit. Seine fortschrittliche Tätigkeit war den Petersburger Arbeitern gut bekannt. Die Beisetzung Schelgunows am 15. [27.] April 1891 gestaltete sich zu einer Demonstration gegen die Regierung.

[6]   Es handelt sich um den politischen Massenstreik im Juli 1903 in Kiew. In Nr. 47 der »Iskra« vom 1. September 1903 ist diesem Streik eine umfangreiche Korrespondenz unter dem Titel »Generalstreik in Kiew« gewidmet.

[7]   Gemeint ist der englische Staatsmann und Schriftsteller Disraeli.

[8]   *David, Eduard* (1863–1930) – deutscher Ökonom, Bernsteinianer. Eine Kritik seiner Auffassungen siehe in der Arbeit »Die Agrarfrage und die ›Marxkritiker‹« von W.I. Lenin (1908/1955, 1908/1962).

[9]   *Scharwerke* – Bezeichnung für Handdienste, die von den Bauern in Polen als Fronarbeit beim Bau von Wegen, Brücken und anderen vorwiegend militärischen Objekten geleistet werden mussten.

[10]   Die *Rede Pjotr Alexejews,* eines Arbeiterrevolutionärs der siebziger Jahre des 19. Jahrhunderts, die dieser am 10. [22.] März 1877 vor dem zaristischen Gericht in Petersburg hielt, wurde zuerst 1877 in London in dem Sammelband »Wperjod!« (einer unregelmäßig erscheinenden Rundschau) veröffentlicht. Danach wurde diese Rede, die bei den russischen Arbeitern sehr populär war, wiederholt illegal nachgedruckt.

LITERATURVERZEICHNIS

Grigorenko, A.G. (1951). *Über das Werk W.I. Lenins »Was tun?«*. Dietz. (Original veröffentlicht 1948)

Lenin, W.I. (1955). Die Agrarfrage und die »Marxkritiker« [Teil 1]. In Institut für Marxismus-Leninismus beim ZK der SED (Hrsg.), *Lenin Werke* (Bd.5, S.97–221). Dietz. (Original veröffentlicht 1908)

Lenin, W.I. (1955). Die dringendsten Aufgaben unserer Bewegung. In Marx-Engels-Lenin-Stalin-Institut beim ZK der SED (Hrsg.), *Lenin Werke* (Bd.4, S.365–370). Dietz. (Original veröffentlicht 1900)

Lenin, W.I. (1955). Was tun? Brennende Fragen unserer Bewegung. In Institut für Marxismus-Leninismus beim ZK der SED (Hrsg.), *Lenin Werke* (Bd.5, S.355–551). Dietz. (Original veröffentlicht 1902)

Lenin, W.I. (1955). Womit beginnen? In Institut für Marxismus-Leninismus beim ZK der SED (Hrsg.), *Lenin Werke* (Bd.5, S.1–13). Dietz. (Original veröffentlicht 1901)

Lenin, W.I. (1957a). Sozialismus und Bauernschaft. In Institut für Marxismus-Leninismus beim ZK der SED (Hrsg.), *Lenin Werke* (Bd.9, S.303–312). Dietz. (Original veröffentlicht 1905)

Lenin, W. I. (1957b). Zwei Taktiken der Sozialdemokratie in der demokratischen Revolution. In Institut für Marxismus-Leninismus beim ZK der SED (Hrsg.), *Lenin Werke* (Bd. 9, S.1–130). (Original veröffentlicht 1905)

Lenin, W.I. (1959a). Der Beginn der Revolution in Russland. In Institut für Marxismus-Leninismus beim ZK der SED (Hrsg.), *Lenin Werke* (Bd.8, S.85–88). Dietz. (Original veröffentlicht 1905)

Lenin, W.I. (1959b). Die ersten Lehren. In Institut für Marxismus-Leninismus beim ZK der SED (Hrsg.), *Lenin Werke* (Bd.8, S.126–130). Dietz. (Original veröffentlicht 1905)

Lenin, W.I. (1959c). Von der Volkstümlerrichtung zum Marxismus: Erster Artikel. In Institut für Marxismus-Leninismus beim ZK der SED (Hrsg.), *Lenin Werke* (Bd.8, S.70–77). Dietz. (Original veröffentlicht 1905)

Lenin, W.I. (1959d). Wie Trepow haust. In Institut für Marxismus-Leninismus beim ZK der SED (Hrsg.), *Lenin Werke* (Bd.8, S.120–123). Dietz. (Original veröffentlicht 1905)

Lenin, W.I. (1959e). Zwei Taktiken. In Institut für Marxismus-Leninismus beim ZK der SED (Hrsg.), *Lenin Werke* (Bd.8, S.136–145). Dietz. (Original veröffentlicht 1905)

Lenin, W.I. (1961). Was sind die »Volksfreunde« und wie kämpfen sie gegen die Sozialdemokraten? (Antwort auf die gegen die Marxisten gerichteten Artikel des »Russkoje Bogatstwo«). In Institut für Marxismus-Leninismus beim ZK der SED (Hrsg.), *Lenin Werke* (Bd.1, S.119–338). Dietz. (Original veröffentlicht 1894)

Lenin, W.I. (1962). Die Agrarfrage und die »Marxkritiker« [Teil 2]. In Institut für Marxismus-Leninismus beim ZK der SED (Hrsg.), *Lenin Werke* (Bd.13, S.167–212). Dietz. (Original veröffentlicht 1908)

Lenin, W.I. (1962). Iwan Wassiljewitsch Babuschkin: Nekrolog. In Institut für Marxismus-Leninismus beim ZK der SED (Hrsg.), *Lenin Werke* (Bd.16, S.367–371). Dietz. (Original veröffentlicht 1910)

Lenin, W.I. (1973). Ein Schritt vorwärts, zwei Schritte zurück: Die Krise in unserer Partei. In Institut für Marxismus-Leninismus beim ZK der SED (Hrsg.), *Lenin Werke* (Bd.7, S.197–430). Dietz. (Original veröffentlicht 1904)

Lenin, W.I. (1975). Materialismus und Empiriokritizismus: Kritische Bemerkungen über eine reaktionäre Philosophie. In Institut für Marxismus-Leninismus beim ZK der SED (Hrsg.), *Lenin Werke* (Bd.14, S.7–366). Dietz. (Original veröffentlicht 1908)

Stalin, J.W. (1950). Kurze Darlegung der Meinungsverschiedenheiten in der Partei. In Marx-Engels-Lenin-Institut beim ZK der SED (Hrsg.), *Stalin Werke* (Bd.1, S.77–112). Dietz. (Original veröffentlicht 1905)

Stalin, J.W. (1952). Über die Grundlagen des Leninismus: Vorlesungen an der Swerdlow-Universität. In Marx-Engels-Lenin-Institut beim ZK der SED (Hrsg.), *Stalin Werke* (Bd.6, S.62–166). Dietz. (Original veröffentlicht 1924)

Stalin, J.W. (1954). Über die Industrialisierung des Landes und über die rechte Abweichung in der KPdSU(B): Rede auf dem Plenum des ZK der KPdSU(B). In Marx-Engels-Lenin-Stalin-Institut beim ZK der SED (Hrsg.), *Stalin Werke* (Bd.11, S.218–258). Dietz. (Original veröffentlicht 1928)

Stalin, J.W. (1955). Über dialektischen und historischen Materialismus. In ZK der KPdSU(B) (Hrsg.), *Geschichte der Kommunistischen Partei der Sowjetunion (Bolschewiki): Kurzer Lehrgang* (19. Aufl., S.131–166). Dietz. (Original veröffentlicht 1938)

Stalin, J.W. (2024). *Kurze Darlegung der Meinungsverschiedenheiten in der Partei.* Fortschrittsverlag. (Original veröffentlicht 1905)

ZK der KPdSU(B). (1955). *Geschichte der Kommunistischen Partei der Sowjetunion (Bolschewiki): Kurzer Lehrgang* (19.Aufl.). Dietz. (Original veröffentlicht 1938)

PERSONENVERZEICHNIS

A

Alexejew, P.A. (1889–1939)   94.
Axelrod, P.B. (1850–1928).   105.

B

Babuschkin, I.W. (1873–1906).   81, 82, 83, 84, 85, 114.
Bernstein, Eduard (1850–1932).   36, 37, 38, 39, 99.

E

Engels, Friedrich (1820–1895).   24, 25, 26, 27, 36, 37.

G

Gapon, G.A. (1870–1906).   65.
Grippenberg, O.K. (1838–1916).   62.

K

Katkow, M.N. (1818–1878).   62, 63.
Kautsky, Karl. (1854–1938).   38.
Kuropatkin, A.N. (1848–1925).   61, 62.
Kuskowa, J.D. (1869–1958).   39.

Kyrillisch		Transliteration (ISO 9)		Laut-schrift (IPA)	Umschreibung (Deutsch)	
Groß	Klein	Groß	Klein		Groß	Klein
А	а	A	a	a	A	a
Б	б	B	b	b	B	b
В	в	V	v	v	W	w
Г	г	G	g	g	G	g (w)
Д	д	D	d	d	D	d
Е	е	E	e	$^j\varepsilon$/$j\varepsilon$	E (Je)	e (je)
Ё	ё	Ё	ё	$^j\mathfrak{o}$/$j\mathfrak{o}$	Jo (O)	jo (o)
Ж	ж	Ž	ž	ʒ	Sch (Sh)	sch (sh)
З	з	Z	z	z	S	s
И	и	I	i	^ji/i/ji	I	i
Й	й	J	j	j	I (–/J)	i (–/j)
К	к	K	k	k	K	k
Л	л	L	l	l	L	l
М	м	M	m	m	M	m
Н	н	N	n	n	N	n
О	о	O	o	ɔ	O	o
П	п	P	p	p	P	p
Р	р	R	r	r	R	r
С	с	S	s	s	S	s (ss)
Т	т	T	t	t	T	t
У	у	U	u	u	U	u

Hilfestellung für die Transliteration nach ISO 9

Kyrillisch		Transliteration (ISO 9)		Laut-schrift (IPA)	Umschreibung (Deutsch)	
Groß	Klein	Groß	Klein		Groß	Klein
Ф	ф	F	f	f	F	f
Х	х	H	h	x	Ch	ch
Ц	ц	C	c	ts	Z	z
Ч	ч	Č	č	ʃ	Tsch	tsch
Ш	ш	Š	š	ʃ	Sch	sch
Щ	щ	Ŝ	ŝ	ʃ:	Schtsch	schtsch
Ъ	ъ	"			(–)	(–)
Ы	ы	Y	y	ɨ	Y	y
Ь	ь	'		j	(–/J)	(–/j)
Э	э	È	è	ɛ	E	e
Ю	ю	Û	û	ʲu/ju	Ju	ju
Я	я	Â	â	ʲa/ja	Ja	ja
№		#			Nr.	

Hat dir das Buch gefallen?
Gibt es Dinge, die dich gestört haben?
Hast du vielleicht Literaturwünsche?

Schreib uns doch gerne eine E-Mail unter:

kontakt@fortschrittsverlag.de

Wir freuen uns über dein Feedback!

www.ingramcontent.com/pod-product-compliance
Lightning Source LLC
LaVergne TN
LVHW051543170726
843492LV00006B/1911